Mes premières années de Française, 1876-1879

Mary King Waddington

Writat

Cette édition parue en 2024

ISBN : 9789359946115

Publié par
Writat
email : info@writat.com

Contenu

je

QUAND MACMAHON ÉTAIT PRÉSIDENT

Je me suis marié à Paris, en novembre 1874, à la chapelle protestante française de la rue Taitbout, par M. Bersier, l'un des pasteurs les plus habiles et les plus éloquents de l'Église protestante. Nous venions de nous établir à Paris, après avoir vécu sept ans à Rome. Nous avions une vague idée de retourner en Amérique, et Paris semblait être un premier pas dans cette direction : elle était plus proche de New York que de Rome. Je connaissais très peu la France — nous n'y avions jamais vécu —, je restais seulement quelques semaines au printemps et à l'automne, allant et venant d'Italie. Mon mari était député, nommé à l'Assemblée nationale de Bordeaux en 1871 par son département, l'Aisne. Il a eu quelques difficultés à arriver à Bordeaux. Les communications et les transports n'étaient pas faciles, car les Allemands étaient toujours dans le pays et, plus important encore, il n'avait pas d'argent – ne pouvait pas correspondre avec son banquier, à Paris – (il vivait à la campagne). Cependant, une quantité suffisante fut trouvée dans le pays et il put faire son voyage. Quand je me suis marié, l'Assemblée siégeait à Versailles. M. Thiers, premier président de la République, avait été renversé en mai 1873 ; le maréchal Mac-Mahon avait été nommé à sa place. W.[1] avait eu un bref ministère (instruction publique) sous M. Thiers, mais il était si convaincu que cela ne durerait pas qu'il n'allait même pas au ministère, voyait ses directeurs dans son appartement. J'ai été immédiatement plongé dans un environnement absolument nouveau. Les amis personnels de W. étaient principalement des orléanistes et l'élément littéraire de Paris, ses collègues de l'Institut. Les premières maisons où je fus emmené à Paris furent les Ségurs, les Remusats, les Lasteyries, les Casimir Périers, les Gallieras, d'Haussonville, Léon Say et quelques familles protestantes : Pourtalès, André Bartholdi, Mallet, etc. monde différent de tous ceux auxquels j'étais habitué, il m'a fallu un certain temps pour me sentir chez moi dans mon nouveau milieu. Le sentiment politique était très fort : toutes sortes d'éléments jeunes et nouveaux arrivaient au front. La guerre franco-allemande venait de se terminer ; les Français étaient très endeuillés et amers après leur défaite. Il y avait un fort sentiment sous-jacent de violente animosité envers l'Empereur, qui avait perdu deux de leurs plus belles provinces, et un désir passionné de revanche. Le sentiment était très amer entre les deux branches du parti royaliste, les légitimistes et les orléanistes. Un soir, lors d'une soirée au faubourg Saint-Germain, j'ai vu une femme à la mode bien connue du parti légitimiste extrême tourner le dos à la comtesse de Paris. Les réceptions et les visites n'étaient pas toujours faciles ni agréables, même si j'étais un étranger et n'avais aucun lien avec aucun ancien gouvernement. Je me souviens d'une de mes premières visites chez une comtesse légitimiste bien connue, au faubourg Saint-Germain ; J'ai assisté à sa réception, un rendez-vous auquel toutes les jeunes femmes de Paris sont très attachées. Je l'ai trouvée avec un cercle de dames assises autour d'elle, dont je ne connaissais aucune. Ils étaient tous très polis, seulement j'étais étonné de la manière dont la maîtresse de maison prononçait mon nom chaque fois qu'elle me parlait : « Madame Waddington, êtes-vous allée à l'Opéra hier soir », « Madame Waddington, vous montez ». à cheval tous les matins, je crois", "Monsieur Waddington va tous les vendredis à l'Institut, il me semble", etc. J'étais assez surpris et dis à W. en rentrant chez moi : " Comme c'est curieux, que façon de dire son nom tout le temps ; je suppose que c'est une vieille coutume française. Madame de B. a dû dire « Waddington » vingt fois au cours de ma assez courte visite. Il était très amusé. "Tu ne sais pas pourquoi ? Pour que tout le monde sache qui tu es et ne dise pas des choses horribles sur le gouvernement infecté et sur la République, qu'aucun gentleman ne peut servir."

[Note 1 : « W. », ici et tout au long de ce livre, fait référence au mari de Madame Waddington, M. William Waddington.]

[Illustration : Monsieur Leur.]

La situation de l'ambassade d'Allemagne à Paris était très difficile et, malheureusement, son premier ambassadeur après la guerre, le comte Arnim, ne comprenait pas (peut-être s'en fichait-il) à quel point c'était difficile pour une nation pleine d'entrain, qui jusqu'alors s'était toujours classée comme une grande puissance militaire, d'accepter son humiliation et d'être juste envers l'adversaire victorieux. Arnim était une nomination malheureuse – pas du tout l'homme pour une situation aussi délicate. Nous l'avions connu à Rome au temps du règne de Pio Nono, où il occupait une position importante en tant que ministre prussien auprès du Vatican. Lui et la comtesse Arnim recevaient beaucoup, et leurs belles chambres du palais Caffarelli, au sommet du Capitole (les deux grandes statues de Castor et Pollux debout près de leurs chevaux, comme s'ils gardaient l'entrée) étaient un véritable bijou. brillant centre de tout le monde romain et diplomatique. C'était un véritable homme du monde, il pouvait se rendre charmant quand il le voulait, mais il n'avait jamais de manières agréables, il était sec, arrogant, avec un très fort sentiment de sa propre supériorité. Dès son arrivée à Paris comme ambassadeur, il a soutenu les gens. Ils ne l'ont jamais aimé, ne lui ont jamais fait confiance ; chaque fois qu'il avait une communication désagréable à faire, il exagérait le désagrément, sans jamais l'atténuer, et il y a tellement de choses dans la façon de dire les choses. Les Français étaient très durs avec lui lorsqu'il se retrouvait en difficulté, et son propre gouvernement était certainement impitoyable envers lui.

Une de mes premières petites difficultés après être devenue française a été d'éliminer certaines de mes amies allemandes de mon salon. Je ne pouvais pas courir le risque qu'ils soient traités de manière grossière. Je me souviens très bien d'une nuit chez moi, avant mon mariage, où j'ai vu deux officiers français sans uniforme sortir tranquillement de la pièce alors qu'un membre de l'ambassade allemande entrait, alors que la nôtre était une maison neutre. A l'annonce de mes fiançailles, un de mes grands amis de l'ambassade d'Allemagne (le comte Arco) me dit : « C'est la fin, je suppose, de notre amitié ; je ne pourrai jamais aller vous voir quand vous êtes la femme d'un Français. adjoint." "Oh, oui, tu peux toujours venir ; pas si souvent, peut-être, mais je ne peux pas abandonner mes amis. ' Cependant, nous nous sommes séparés sans savoir exactement pourquoi. L est curieux de savoir depuis combien de temps ce sentiment d'hostilité à l'égard de l'Allemagne a duré en France.

Chaque année, il y a une grande revue de la garnison parisienne (trente mille hommes) par le président de la République, à Longchamp, le 14 juillet, fête nationale, jour de la prise de la Bastille. C'est un grand jour à Paris – l'un des sites touristiques de l'année – et tombant au milieu de l'été, la journée est généralement belle et très chaude. Dès l'aube, toutes les chaises et tous les bancs de l'avenue du Bois de Boulogne sont remplis de monde qui attend patiemment pendant des heures pour voir le spectacle. Il n'y a pas de place disponible à Longchamp. A moins d'arriver très tôt, les tribunes sont bondées et la loge du Président très remplie, alors qu'il invite ce jour-là le corps diplomatique, les ministres et leurs épouses. Les troupes sont toujours reçues avec beaucoup d'enthousiasme, notamment l'artillerie, traînant ses pièces légères de campagne et passant au galop, ainsi que le bataillon de Saint-Cyr, la grande école militaire française. La charge finale de la cavalerie est très fine. Des masses de cavaliers s'abattent sur la plaine, le général commandant en tête, s'arrêtant brusquement comme poussé par une machine, juste en face de la loge du Président. J'y allais très régulièrement tant que W. était en fonction et j'ai toujours apprécié ma journée. Il y avait un excellent buffet dans le salon derrière la loge, et il était agréable de prendre une tasse de thé et de reposer ses yeux pendant que passaient les longues colonnes d'infanterie dont le mouvement régulier et continu était fatiguant. Tous les ambassadeurs et étrangers étaient très attentifs à la revue, accordant une grande attention à la taille des hommes et des chevaux et à leur équipement général. Tant que le maréchal MacMahon était président de la République, il revenait toujours chez lui après la revue sur les Champs-Elysées, en grand uniforme, avec un brillant état-major d'officiers étrangers et d'attachés militaires. C'était un joli spectacle et attirait beaucoup d'attention. Certains uniformes étrangers sont très frappants et les Français adorent les spectacles militaires.

[Illustration : Maréchal MacMahon.]

Pendant de nombreuses années après la guerre, l'attaché militaire allemand revenait de la revue inaperçu dans un wagon *fermé*, ne pouvait pas courir le risque d'un mot de colère ou d'insulte de la part de quelqu'un dans la foule, et encore plus tard, quinze ans après la guerre, lorsque W. était ambassadeur en Angleterre, j'étais marraine de la fille d'un cousin germano-anglais vivant à Londres. Le parrain était le comte Herbert Bismarck, fils du célèbre chancelier. Au moment du baptême, j'étais en France, chez des amis à la campagne. Le fils de la maison avait fait la guerre, s'était beaucoup illustré, et ils étaient encore très endeuillés de leurs revers et de la nécessité de se soumettre à toutes les petites piqûres d'épingle qui arrivaient de temps en temps d'Allemagne. Bismarck m'a envoyé un télégramme regrettant l'absence de la marraine à la cérémonie. On me l'a apporté juste après le petit-déjeuner, pendant que nous prenions notre café. Je l'ai ouvert et l'ai lu, expliquant qu'il venait de Bismarck pour exprimer ses regrets pour mon absence. Il y eut un silence de mort, puis la maîtresse de maison me dit : « C'est très désagréable pour vous, chère amie, cette association avec Bismarck.

Je n'ai pas beaucoup vu W. pendant la journée. Nous allions habituellement le matin au Bois et aussitôt après le petit déjeuner, il partait pour Versailles dans le train parlementaire. Le dîner était toujours un repas douteux. Parfois, il rentrait très tard pour le dîner de neuf heures ; parfois il dînait à Versailles et ne rentrait qu'à dix ou onze heures si la séance était orageuse. L'Hôtel des Réservoirs fit des affaires florissantes tant que les Chambres siégèrent à Versailles. Quand nous dînions au restaurant, c'était très désagréable, surtout le premier hiver où je ne connaissais pas grand monde. Je me souviens d'un dîner chez la comtesse Duchâtel où j'allais seul ; nous étions dix femmes et cinq hommes. Tous les autres étaient des députés, qui avaient télégraphié au dernier moment qu'ils ne viendraient pas, retenus à Versailles par une question importante.

L'une des choses les plus intéressantes que j'ai vues en 1873, juste avant mon mariage, c'est la cour martiale du maréchal Bazaine pour trahison à Metz, abandonnant son armée et la ville sans aucune tentative de percer les lignes ennemies, ni en fait aucune tentative de percée. résistance de quelque nature que ce soit. La cour se tenait au Grand Trianon, à Versailles, un lieu si associé à une cour épris de plaisir et aux artifices fantaisistes d'une jeune reine gaie, qu'il était difficile de se rendre compte du drame qui se jouait, lorsque l'honneur d'un Il fallait juger le maréchal de France, presque une armée de France. C'était une scène impressionnante, la salle était pleine à craquer et les gens à toutes les portes et entrées réclamaient des places. Le public était curieux, un peu de tout : députés de l'Assemblée nationale, officiers tous en uniforme, jolies femmes de toutes catégories, groupe de journalistes aux visages vifs et avides qui surveillaient chaque changement d'expression du visage du maréchal, quelques visages connus. , épouses de membres ou hommes politiques et littéraires de premier plan, une bonne partie de la confrérie les plus fragiles, des actrices et des demi-mondaines, faisant un grand effet en agitant des plumes et des diamants. La cour était présidée par le duc d'Aumale, qui accepta cette charge après bien des hésitations. C'était une belle silhouette de soldat lorsqu'il entra, en uniforme complet, suivi d'un groupe d'officiers, tous aux visages sévères et déterminés. L'impression du public était généralement hostile au maréchal ; on l'a ressenti tout au long du procès. Il était habillé en grand uniforme, avec le grand cordon de la Légion d'honneur. Il était mélancolique d'entendre le rapport de sa carrière lorsqu'il fut lu par son avocat, - de longues années de service actif, de nombreuses blessures, souvent mentionnées pour une conduite courageuse sous le feu, avoir la "Médaille Militaire" - le grand cordon de la Légion d'Angleterre. « Honneur, le bâton de Maréchal de France, tous les honneurs que son pays pouvait lui rendre, pour finir si misérablement, jugé non seulement par la cour mais par le pays, comme traître, trompé à sa confiance, lorsque son pays était en l'agonie de la défaite et de l'humiliation. Son attitude au procès était curieuse. Il restait très immobile dans son fauteuil, regardant droit devant lui, ne levant la tête et regardant le duc d'Aumale que lorsqu'une grave accusation était portée contre lui. Son explication lui valut la fameuse réponse du duc, lorsqu'il dit qu'il était impossible d'agir ou de traiter ; il ne restait plus rien en France, ni gouvernement, ni ordres, rien. Le duc répondit : « Il y avait toujours la France ». Il n'avait pas l'air accablé, plutôt comme quelqu'un qui était détaché de toute la procédure. J'ai très bien vu son visage ; ce n'était ni faux ni faible — ordinaire. Il est difficile de croire qu'un général français avec un brillant palmarès derrière lui ait pu se rendre coupable d'une telle trahison, sacrifiant ses hommes et son honneur. Ses amis (ils n'étaient pas nombreux) disent qu'il a perdu la tête, qu'il était presque fou de la défaite totalement imprévue des Français, mais même un moment de folie n'expliquerait guère une faiblesse aussi extraordinaire. W. et quelques-uns de ses amis en discutaient dans le train qui rentrait chez lui. Ils étaient tous convaincus de sa culpabilité, n'avaient aucun doute sur la sentence du tribunal — mort et dégradation — mais pensaient que la fatigue physique et une grande dépression avaient dû provoquer un effondrement général. La fin, tout le monde la connaît. Il a été condamné à être fusillé et dégradé. La première partie de la sentence fut annulée en raison de ses services antérieurs, mais il fut dégradé, emprisonné, évadé et finit sa vie en Espagne dans la pauvreté et l'obscurité, abandonné de tous ses amis et de sa femme. Ce fut une rentrée mélancolique pour le duc d'Aumale. Sa pensée devait remonter aux jours lointains où le vaillant jeune officier, fils de France, remportait sa première gloire militaire à Alger, et pensait que le monde était à ses pieds. Son brillant exploit, capturer la Smala d'Abd-el-Kader, a été immortalisé par Vernet dans le grand tableau historique qu'on voit à Versailles. Il y a toujours des artistes qui en copient des parties, en particulier un groupe, où une jolie femme blonde tombe d'une civière à la renverse. Même aujourd'hui, quand on pense au roi Louis-Philippe, avec tous ses jeunes fils, grands et forts (il existe une image bien connue du roi à cheval avec tous ses fils autour de lui, de splendides spécimens de jeune virilité), il semble incroyable qu'ils ne règnent pas encore aux Tuileries. Je me demande si les choses auraient été très différentes si Louis Philippe et sa famille n'étaient pas sortis des Tuileries ce jour-là !

Je demandais souvent à W. en quoi la France avait gagné à être une république. Personnellement, j'étais plutôt impartial, étant né américain et n'ayant vécu en France qu'après la guerre franco-prussienne. Je n'avais ni attaches ni traditions particulières, je n'avais pas de grand-père tué sur l'échafaud, ni mort de froid lors de la retraite de « La Grande Armée » de Moscou. On m'a toujours dit qu'une république était dans l'air – que les jeunes talents et l'énergie devaient venir au premier plan – que le peuple devait avoir une voix au sein du gouvernement. Je pense que le Français moyen est intelligent, mais je ne pense pas que le vote de l'homme de la rue puisse avoir autant de valeur que celui d'un homme qui a non seulement eu une bonne éducation mais qui a été habitué à toujours entendre certains principes. de l'ordre public considéré comme des règles pour guider sa propre vie ainsi que celle des autres. Certes, le suffrage universel était une mesure très malheureuse à prendre aux États-Unis et à appliquer à la France, mais il a été pris et doit maintenant rester. J'ai souvent entendu des hommes politiques qui déploraient et condamnaient la loi dire qu'aucun ministre n'oserait proposer un changement.

J'allais souvent à la Chambre au printemps, j'y allais en voiture et je ramenais W. à la maison. Versailles était très animé et intéressant pendant tout ce temps, il y avait toujours beaucoup de monde. De nombreuses femmes ont suivi les débats. On rencontrait beaucoup de gens qu'on connaissait dans les rues, chez les Pâtissiers ou dans quelques brocantes, où l'on faisait encore de bonnes affaires en meubles très anciens, en gravures et en porcelaine. Il y a une grande garnison. Il y avait toujours des officiers à cheval, des escouades de soldats qui circulaient, des coups de clairon dans toutes les directions, et des arrivées continues à la gare de députés et de journalistes se précipitant vers le palais, leurs portefeuilles noirs sous le bras. Le palais était froid. Il y avait un bon courant d'air à l'entrée et le grand escalier de pierre était toujours froid, même en juin, mais la salle de réunion était assez chaude et toujours bondée. C'était assez difficile d'avoir des places. Les gens étaient tellement intéressés par ces premiers débats d'après-guerre, où il fallait tout réorganiser et où une grande partie du passé était balayée.

II

IMPRESSIONS DE L'ASSEMBLÉE À VERSAILLES

Les séances de l'Assemblée étaient très intéressantes en cette année merveilleuse où l'on discutait de tout. Bien entendu, tout l'intérêt public était centré sur Versailles, où l'Assemblée nationale tentait d'établir une sorte de gouvernement stable. Il y a eu des discussions et des discours interminables et un langage très violent dans les Chambres. Gambetta attaqua amèrement les royalistes, les accusant de mauvaise foi et de manque de patriotisme. Les dirigeants bonapartistes essayèrent de se persuader, ainsi que leurs amis, qu'ils avaient toujours l'emprise sur le pays et qu'un plébiscite ramènerait en triomphe leur prince. Les légitimistes, espérant contre tout espoir que le comte de Chambord serait encore le sauveur de la patrie, faisaient des appels passionnés au vieux sentiment de loyauté de la nation, et au centre droit, représentant les orléanistes, nerveux, hésitants, connaissant parfaitement la situation. , désirant ardemment une monarchie constitutionnelle, mais estimant que cela n'était pas possible à ce moment-là, mais peu disposés à s'engager dans une déclaration finale de la République, qui rendrait impossible une restauration royaliste. Toute la gauche confiante, déterminée.

La République fut votée le 30 janvier 1875, à la majorité d'une voix, si l'on pouvait appeler majorité, mais le grand pas avait été franchi, et la lutte commença aussitôt entre les républicains conservateurs modérés et la gauche la plus avancée. W. est rentré tard ce jour-là. Certains de ses amis sont venus après le dîner et la conversation a été très intéressante. J'étais si nouveau dans tout cela que la plupart des noms des simples citoyens m'étaient inconnus, et les appréciations des votes, les anecdotes et les éclairages secondaires sur les électeurs ne me disaient rien. En regardant en arrière après toutes ces années, il me semble que les royalistes modérés (centre droit) ont laissé passer une magnifique chance. Ils n'ont pas pu arrêter la vague républicaine (rien ne le pouvait), mais ils auraient pu la contrôler et la diriger au lieu de rester à l'écart et de remettre le pouvoir entre les mains de la gauche. On entendait très souvent à l'époque les paroles bien connues : « La République sera conservatrice ou elle ne sera pas » et « La République sans Républicains », attribuées à M. Thiers et au maréchal MacMahon. L'Assemblée nationale a lutté jusqu'à la fin de l'année pour élaborer une constitution, un parlement à deux chambres, un sénat et une chambre des députés, avec beaucoup de discussions et de contradictions, d'espoirs et d'illusions.

[Illustration : Séance de l'Assemblée nationale au château de Versailles. Tiré de *l'Illustration*, 11 mars 1876]

J'allais souvent à Versailles, partant en voiture quand il faisait beau. J'ai préféré les séances orageuses. Un orateur disait quelque chose qui déplaisait au public, et en un instant c'était le plus grand tumulte, des protestations et des accusations de toutes parts, certains de l'extrême gauche se levant, gesticulant sauvagement et serrant le poing vers l'orateur, la droite, généralement calmes et sarcastiques, demandant à l'orateur de répéter ses déclarations monstrueuses - les huissiers vêtus de noir avec des chaînes d'argent, se promenant devant la tribune, criant par intervalles : « Silence, messieurs, s'il vous plaît », — le président sonnant violemment pour rappeler à l'ordre, et personne n'y prêtait la moindre attention, — l'orateur, tantôt debout, les bras croisés, attendant que l'orage se calme, tantôt dominant la salle et lançant des injures à ses adversaires. W. était toujours parfaitement silencieux ; sa voix était basse, pas très forte, et il ne pouvait pas parler s'il y avait du tumulte. Lorsqu'il était interrompu dans un discours, il restait parfaitement immobile, les bras croisés, attendant quelques minutes de silence. Les députés criaient : « Allez ! allez ! entrecoupé de quelques vives critiques sur ce qu'il leur disait ; il resta parfaitement impassible et répondit simplement : « Je continuerai avec plaisir dès que vous serez assez silencieux pour que je sois entendu. Les Français ont généralement une si merveilleuse facilité de parole et une logique si impitoyable dans la discussion d'une question, que les débats étaient souvent très intéressants. Le public était également intéressant. Un grand nombre de femmes de toutes classes suivaient les séances : plusieurs Egerias (généralement pas dans leur première jeunesse) d'hommes politiques célèbres, assis bien en vue dans la loge du Président ou au premier rang de la loge des journalistes, suivant les discussions avec beaucoup d'attention. intérêt et envoyant de petits bouts de papier à leurs amis d'en bas - les épouses et amis des membres qui aimaient passer une heure ou deux à écouter les discours - correspondants de journaux, dames littéraires, diplomates. Il était très difficile de trouver des places, surtout lorsqu'on annonçait des orateurs célèbres pour parler d'une question importante. On ne le savait pas toujours à l'avance, et je me souviens d'après-midis ennuyeux où un ou deux députés faisaient de longs discours sur des sujets purement locaux, qui n'intéressaient personne. À cette occasion, nous regardions une salle presque vide. Un grand nombre de membres étaient sortis et discutaient dans les halls ; ceux qui restaient parlaient en groupes, écrivaient des lettres, se promenaient dans la salle, apparemment inconscients de l'orateur à la tribune. Je ne comprenais pas comment cet homme pouvait continuer à parler devant des bancs vides, mais W. me dit qu'il était assez indifférent à l'attention de ses collègues : son discours était destiné à ses électeurs et paraîtrait le lendemain au *Journal Officiel* . Je me souviens qu'un homme parlait pendant des heures d'"allumettes chimiques".

Léon Say était un orateur charmant, si facile, trouvant toujours exactement le mot qu'il voulait. Cela ne ressemblait guère à un discours lorsqu'il était à la tribune, mais plutôt à une causerie, bien qu'il dise parfois des vérités très claires au peuple souverain. Il était essentiellement français, ou plutôt parisien, connaissait tout le monde, était au courant de tout ce qui se passait politiquement et socialement, et avait une certaine blague, ce côté éminemment français qui est très difficile à expliquer. C'était un travailleur acharné et il m'a dit un jour que ce qui le reposait le plus après une longue journée, c'était d'aller dans un petit théâtre de boulevard ou de lire un roman à dos jaune un peu vivant.

Je n'ai jamais entendu parler Gambetta, ce que j'ai toujours regretté ; je le connaissais d'ailleurs très peu. Il n'était pas un homme à femmes, même s'il avait quelques amies dévouées et était toujours entouré d'un cercle d'hommes politiques chaque fois qu'il apparaissait en public. (Dans toutes les soirées françaises, immédiatement après le dîner, les hommes se rassemblent tous pour se parler, jamais avec les femmes, donc à moins de se retrouver assis à côté d'un homme connu, on n'a jamais vraiment l'occasion de le faire.) de lui parler.) Gambetta ne sortait pas beaucoup, et comme, par un curieux hasard, il n'était jamais à côté de moi à dîner, je n'eus jamais l'occasion de lui parler. Ce n'était pas un ami de W., ni un habitué de la maison. Son apparence lui était défavorable : sombre, lourd, avec une tête énorme.

Quand j'en avais assez des discours et de la mauvaise ambiance, je déambulais sur les terrasses et les jardins. Que de beaux couchers de soleil j'ai vu du haut de la terrasse ou bien debout sur les trois fameuses marches de marbre rose (si connues de tous les amateurs de poésie à travers les beaux vers d'Alfred de Musset, "Trois Marches Roses"), voyant en imagination tous la brillante foule de courtisans et de belles femmes qui peuplaient autrefois ces merveilleux jardins de Versailles ! J'allais parfois aux "Réservoirs" pour prendre une tasse de thé, et j'y trouvais très souvent d'autres femmes qui étaient elles aussi parties chercher leur mari. Nous ramenons parfois des amis qui préféraient la promenade tranquille et fraîche à travers le parc de Saint-Cloud à la foule et à la poussière du chemin de fer. Le comte de Saint-Vallier (qui n'était pas encore sénateur, mais profondément intéressé par la politique) était fréquemment à Versailles et revenait souvent avec nous. C'était un parleur charmant et facile. Je ne me lassais pas d'entendre parler des jours brillants du dernier Empire et des fêtes des Tuileries, de Compiègne et de Saint-Cloud. Il avait beaucoup fréquenté la cour de Napoléon III, avait vu beaucoup de gens intéressants de toutes sortes et avait une merveilleuse mémoire. Il devait avoir un sentiment intérieur ou un pressentiment quelconque de l'avenir, car je l'ai entendu dire souvent, en parlant des temps anciens et des gloires de l'Empire, où tout semblait si prospère et si brillant, qu'il avait l'habitude de demander souvent : lui-même si cela pouvait être réel — les fondations étaient-elles aussi solides qu'elles le paraissaient ! Il avait été diplomate, se trouvait en Allemagne au moment de la guerre franco-allemande et, comme tant de ses collègues dispersés dans toute l'Allemagne, il était tout à fait conscient du sentiment croissant d'hostilité à l'égard de la France en Allemagne ainsi que des buts et des ambitions de Bismarck. Il a écrit (comme tant d'autres) des lettres et des avertissements répétés au ministère français des Affaires étrangères, qui n'ont apparemment eu aucun effet. On a appris par la suite que plusieurs lettres de ce genre émanant de diplomates français en Allemagne avaient été retrouvées non ouvertes dans un tiroir du ministère.

Il était assez triste, en parcourant les allées majestueuses du parc de Saint-Cloud, sous le soleil couchant qui brillait à travers les beaux arbres centenaires, d'entendre parler de toutes les fêtes qui s'y déroulaient autrefois, - et on pourrait bien imaginez la belle impératrice apparaissant au bout d'une des longues avenues, suivie d'une suite brillante de dames et d'écuyers, et les échos du cor de chasse au loin. Les ruelles sont toujours là, et assez bien entretenues, mais très peu de personnes ou de voitures y passent. Le parc est désert. Je ne pense pas que le cor de chasse susciterait un écho ou même un regret, tant l'Empire et ses gloires appartiennent désormais au passé. Un rendez-vous de chasse était un très joli spectacle.

Nous sommes allés une fois à Compiègne avant mon mariage, environ trois ans avant la guerre. Nous sortîmes déjeuner à Compiègne chez un grand ami à nous, M. de Saint-M., chambellan ou écuyer de l'Empereur. Nous avons déjeuné dans un drôle de petit hôtel à l'ancienne (avec une très bonne cuisine) et avons roulé dans une grande échappée vers la forêt. Il y avait un grand nombre de gens à cheval, en voiture et à pied, des officiers de la garnison en uniforme, des membres de la chasse en vert et or et une belle pincée d'habits rouges. L'Impératrice était charmante, toujours vêtue de l'uniforme de chasse, vert avec galon d'or, et un tricorne sur la tête, toutes ses dames avec le même costume, ce qui était très convenable. L'une de ses dames les plus frappantes était la princesse Anna Murat, l'actuelle duchesse de Mouchy, qui était très belle avec son tricorne et son habit bien ajusté. Je n'ai pas vu l'Impératrice sur son cheval, car nous les avons très vite perdus de vue. Elle et ses dames sont arrivées sur le terrain lors d'une pause ouverte. J'ai vu très distinctement l'Empereur qui arrivait à cheval et donnait quelques ordres. Il était très bien monté (il y avait de beaux chevaux), mais légèrement courbé et avait une figure un peu triste. Je ne l'ai jamais revu, et l'Impératrice seulement de longues années après à Cowes, alors que tout avait disparu de sa vie.

Le président, le maréchal MacMahon, demeurait à la préfecture de Versailles et y recevait tous les jeudis soir. Nous y sommes allés plusieurs fois, c'était ma première introduction au monde officiel. Les deux ou trois premières fois, nous sommes partis en voiture, mais cela a été long (une bonne heure et quart) sur de mauvaises routes – beaucoup de trottoir. On n'avait pas envie de traverser le parc de Saint-Cloud la nuit : c'était très solitaire et sombre. Nous aurions été tout à fait impuissants si nous étions tombés sur des vagabonds entreprenants, qui auraient facilement pu arrêter la voiture et se servir de l'argent ou des bijoux qu'ils pouvaient trouver. Un soir, la Seine avait débordé et nous fûmes obligés de parcourir une longue distance — tout autour de Sèvres — et arrivâmes à Versailles très tard et bien épuisés par les cahots et le malaise général. Ensuite nous sommes partis en train, ce qui nous a amenés à la Préfecture à dix heures. Ce n'était pas très pratique car il y avait une grande ruée pour les voitures quand nous sommes arrivés à Versailles, mais tout le monde l'a quand même fait. Nous portions généralement des robes noires ou sombres avec un voile de dentelle noué sur la tête et, bien sûr, nous n'y allions que quand il faisait beau. La soirée fut assez agréable — on voyait tous les hommes politiques, les amis personnels de droite du maréchal se rendre chez lui dans les premiers jours de sa présidence, — (ils se sont plutôt distancés par la suite) — le Gouvernement et les Républicains naturellement et tout le corps diplomatique. . Il n'y avait pas beaucoup de femmes, car c'était plutôt un effort de s'enfiler une robe décolletée et de partir directement après le dîner vers la gare Saint-Lazare, et de se précipiter pour trouver des places. Nous étions toujours en retard et avions juste le temps de monter dans la dernière voiture.

Je me suis sentie très étrange, étrangère, pendant tous les premiers mois, mais les amis de mon mari étaient très gentils avec moi et après un certain temps, j'ai été étonnée de constater à quel point la politique m'intéressait. J'ai beaucoup appris simplement en écoutant les hommes parler pendant le dîner. Je suppose que j'aurais dû comprendre beaucoup plus si j'avais lu les journaux régulièrement, mais je n'ai commencé à le faire que lorsque W. avait été ministre pendant un certain temps, puis je me suis mis dans une fièvre nerveuse à tous les journaux d'opposition qui parlaient de lui. Cependant, dans l'ensemble, les attaques n'ont jamais été très violentes. Il n'avait jamais été dans la vie publique qu'après la guerre, lorsqu'il fut nommé député et entra à l'Assemblée nationale de Bordeaux, ce qui fut pour lui un immense avantage. Il n'avait jamais servi aucun autre gouvernement et était donc parfaitement indépendant et n'était lié par aucune tradition familiale ni vieille amitié – il ne se souciait pas du tout des journaux d'opposition – pas même des caricatures. Certains d'entre eux étaient très drôles. Il y en avait un qui lui ressemblait beaucoup, assis bien droit et correct sur la caisse d'un coupé, "John Cocher Anglais n'a jamais versé, ni accroché" (cocher anglais qui n'a jamais renversé ni heurté quoi que ce soit).

Il y avait quelques salons politiques. La comtesse de R. recevait tous les soirs, mais seulement des hommes ; on ne demandait jamais de femmes. Au début, les épouses étaient plutôt réticentes, mais les hommes y allèrent quand même, car on voyait tout le monde là-bas et on entendait tous les derniers potins politiques. Une autre hôtesse était la princesse Lize Troubetskoi. Elle était une grande amie et admiratrice de Thiers et était censée lui fournir de nombreuses informations sur les gouvernements étrangers. Elle était très éclectique dans ses sympathies, et tout le monde allait vers elle, non-seulement les Français, mais tous les étrangers de toute distinction qui passaient par Paris. Elle se donnait beaucoup de mal pour ses amis, mais s'en servait aussi quand elle avait besoin de quelque chose. Une des histoires qu'on racontait toujours du ministère des Affaires étrangères était son « petit paquet », qu'elle voulait envoyer par valise à Berlin, lorsque le comte de Saint-Vallier y était ambassadeur de France. Il accepta volontiers de recevoir le colis qui lui était adressé, qui se révéla être un piano à queue.

Le privilège d'envoyer des colis à l'étranger par la valise des Affaires étrangères fut grandement abusé lorsque W. devint ministre des Affaires étrangères. Il apporta diverses modifications, dont l'une était que la valise devait être absolument limitée aux papiers et documents officiels, ce qui était peut-être effectivement bien observé.

La comtesse de Ségur recevait tous les samedis soir. C'était bien un salon orléaniste, car ils étaient des amis dévoués de la famille d'Orléans, mais on y voyait tous les républicains modérés et le centre gauche (qui a si longtemps lutté pour se maintenir et être une influence modératrice, mais a longtemps été englouti dans le flot toujours croissant du radicalisme) et un grand nombre d'hommes de lettres, de membres de l'Institut, d'académiciens, etc. Ils possédaient une belle maison ancienne entre cour et jardin, avec toutes sortes de tableaux et de souvenirs intéressants. La comtesse de S. recevait aussi tous les jours avant trois heures. J'y allais souvent et j'étais ravi quand je pouvais la retrouver seule. Elle était très intelligente, très originale, avait connu toutes sortes de gens et c'était très intéressant de l'entendre parler de la cour du roi Louis Philippe, des mariages espagnols, de la mort du duc d'Orléans, du coup d'État de Louis. Napoléon, etc. Lorsqu'elle commença à recevoir, sous le règne de Louis Philippe, le sentiment était très amer entre les légitimistes (parti royaliste extrême) et les orléanistes. Le duc d'Orléans venait souvent chez eux le samedi soir et toujours en grande pompe, avec de belles voitures, des aides de camp, etc. Elle prévenait ses amis légitimistes lorsqu'elle savait qu'il venait (mais elle ne le faisait pas). je le sais toujours) et a déclaré qu'elle n'avait jamais eu de problèmes ni de scènes désagréables. Tout le monde était parfaitement respectueux envers le duc, mais les extrémistes légitimistes s'en allèrent aussitôt.

Nous allions assez souvent chez Monsieur et Madame Thiers, qui recevaient tous les soirs dans leur grande maison sombre de la place Saint-Georges. C'était un centre politique, — tout le parti républicain s'y rendait, et beaucoup de ses anciens amis, les orléanistes, qui admiraient sa grande intelligence, tout en désapprouvant sa politique, — les hommes de lettres, les journalistes, tous les diplomates et les étrangers distingués. Il avait du monde à dîner tous les soirs et une petite réception ensuite, Mme Thiers et sa sœur Mademoiselle

Dosne lui faisant les honneurs. Je crois que les deux dames étaient très intelligentes, mais je ne peux pas vraiment dire qu'elles avaient du charme dans leurs manières. Ils n'avaient jamais l'air contents de voir personne, et chacun faisait de confortables petites siestes dans son fauteuil après le dîner — les premiers arrivants avaient parfois des entrées assez embarrassantes — mais on me dit qu'ils tenaient beaucoup à leurs réceptions. Thiers était merveilleux ; c'était un très vieil homme quand je l'ai connu, mais ses yeux étaient très vifs et vifs, sa voix forte, et il parlait toute la soirée sans aucune apparence de fatigue. Il dormait chaque après-midi pendant deux heures et était complètement reposé et alerte à l'heure du dîner. C'était un groupe d'hommes intéressant qui se tenait autour de la petite silhouette dans le salon après le dîner. Lui-même se tenait presque toujours appuyé contre la cheminée. Le prince Orloff, ambassadeur de Russie, était un des habitués du salon, et j'étais toujours ravi lorsqu'il s'éloignait du groupe des hommes et rejoignait les dames dans le salon de Mme Thiers, moins intéressant. Il connaissait tout le monde, français et étrangers, et me faisait des petits croquis très amusants et utiles de toutes les célébrités. C'est lui qui m'a parlé de la célèbre phrase du vieux prince Gortschakoff, lorsqu'il apprit la mort de Thiers — (il mourut à Saint-Germain en 1877) — « Encore une lumière éteinte quand il y en a si peu qui voient clair » — (encore une lumière éteinte quand il y en a si peu qui voient clair) une autre lumière éteinte, alors qu'il y en a si peu qui voient clair). Beaucoup sont sortis de ce groupe, Casimir Périer, Léon Say, Jules Ferry, Saint-Vallier, le comte Paul de Ségur, Barthélemy Saint-Hilaire, mais il en reste d'autres, des hommes plus jeunes qui commençaient alors leur carrière politique et avides de boire. dans les leçons et les avertissements du vieil homme d'État, qui s'est battu vaillamment jusqu'au bout.

J'ai trouvé le premier hiver à Paris en tant qu'épouse d'un député français plutôt éprouvant, si différent de la vie facile et agréable de Rome. Cela a changé aussi, bien sûr, avec l'Italie unie et Rome comme capitale, mais c'était aujourd'hui une petite Rome, très informelle. Je ne me souviens pas avoir écrit d'invitation pendant toutes les années où nous avons vécu à Rome. Tout le monde menait la même vie et nous nous voyions toute la journée, chassant, chevauchant, conduisant, dans les villas l'après-midi, finissant généralement au Pincio, où il y avait de la musique. Toutes les voitures s'arrêtaient et les jeunes gens venaient parler aux femmes exactement comme si elles étaient à l'opéra ou dans une salle de bal. Quand nous faisions de la musique ou dansions chez nous, nous disions à un homme connu de dire "on danse chez Madame King ce soir". C'était tout. La société parisienne est beaucoup plus rigide, attache beaucoup plus d'importance aux visites et aux journées d'accueil.

Il y a très peu de réceptions informelles, plus de soirées sans divertissement d'aucune sorte, et une petite table à un bout de la pièce avec des orangeades et des gâteaux, dont je me souviens lors de mon premier mariage (et toujours pendant le Carême le quatuor des Conservatoire jouant des symphonies classiques, ce qui bien sûr mettait un terme à toute conversation, puisque les gens écoutaient les artistes du Conservatoire dans une sorte de silence sacré). Désormais on est invité à chaque fois, il y a toujours de la musique ou une comédie, parfois une conférence en carême, et un buffet dans la salle à manger. Il y a beaucoup plus de luxe et les femmes portent plus de bijoux. Il n'y avait pas beaucoup de diadèmes lorsque j'ai connu la société parisienne ; maintenant, chaque jeune femme en a un dans sa corbeille.

[Illustration : Le foyer de l'Opéra.]

L'une des premières grandes choses que j'ai vues à Paris a été l'ouverture du Grand Opéra. C'était un joli spectacle, la maison remplie de femmes magnifiquement habillées et portant de beaux bijoux qui ne laissaient que peu de traces, la décoration de la maison étant très élaborée. Il y avait tellement de lumière et de dorure que les diamants étaient complètement perdus. Les deux grands personnages de la soirée étaient le jeune roi d'Espagne (le père du roi actuel), un personnage mince, sombre et jeune, et le lord-maire de Londres, qui faisait en réalité beaucoup plus d'effet que le roi. Il était vêtu de ses robes officielles, avait deux shérifs et un porteur de masse, et lorsqu'il se tenait en haut du grand escalier, il était une figure imposante et le public était ravi de lui. Il était entouré d'une foule admirative lorsqu'il pénétrait dans le hall. Tout le monde était là et W. me montrait les célébrités de toutes les coteries. Nous avions une loge à l'opéra et y allions très régulièrement. L'opéra n'a jamais été bon, ne l'a jamais été depuis que je le connais, mais comme il est ouvert toute l'année, on ne peut pas s'attendre à avoir les stars qu'on entend ailleurs. Pourtant, c'est toujours une soirée agréable, on voit beaucoup de gens avec qui parler et la musique accompagne joyeusement la conversation. Il est stupéfiant de voir comment ils parlent dans les loges et comment le public se soumet. Le ballet est toujours bon. Halanzier était directeur du Grand Opéra, et nous allions parfois dans sa loge en coulisses, ce qui était très amusant. Il était très dictatorial, s'occupait de chaque détail, et était par conséquent un excellent réalisateur. Je me souviens l'avoir vu inspecter le corps de ballet un soir, juste avant le lever du rideau. Il parcourait la ligne comme un général passant en revue ses troupes, frappant légèrement avec une canne les bras et les jambes qui n'étaient pas en position. Il était parfaitement souriant et de bonne humeur : « Voyons, voyons, mes petites, ce n'est pas cela », mais il voyait tout.

Ce que W. préférait, c'était le Théâtre Français. Nous n'avions pas de loge là-bas, mais comme beaucoup de nos amis en avaient, nous y allions très souvent. Le mardi était la soirée à la mode et la Salle était presque aussi intéressante que la scène, surtout s'il s'agissait d'une première et que tous les critiques et journalistes étaient là. Sarah Bernhardt et Croizette jouaient toutes les deux ces premières années. C'étaient de grands rivaux et c'était intéressant de les voir dans la même pièce, tous deux si talentueux et si totalement différents.

III

M. WADDINGTON COMME MINISTRE DE L'INSTRUCTION PUBLIQUE

En mars 1876, W. fut nommé pour la seconde fois ministre de l'Instruction publique et des Beaux Arts, avec M. Dufaure président du Conseil, Duc Décazes aux Affaires étrangères et Léon Say aux finances. Sa nomination nous a surpris. Nous ne nous y attendions pas du tout. Il y a eu tellement de discussions, tellement de noms proposés. Il paraissait impossible de s'entendre et de former un cabinet qui serait également acceptable au maréchal et aux Chambres. J'arrivai assez tard un après-midi, alors que les négociations se poursuivaient, et les domestiques m'apprirent que M. Léon Say attendait dans la bibliothèque de W. pour le voir. W. arriva quelques minutes après, et les deux messieurs restèrent longtemps à causer. Ils s'arrêtèrent au salon en se dirigeant vers la porte, et Say me dit : « Eh bien, madame, je vous apporte un portefeuille et des félicitations. "Avant d'accepter les félicitations, j'aimerais savoir quel portefeuille." Bien sûr, lorsqu'il disait : « L'instruction publique », j'étais content, car je savais que c'était le seul dont W. se souciait. Mon beau-frère, Richard Waddington, sénateur de la Seine Inférieure[1] et un ou deux amis sont venus nous voir le soir, et ces messieurs ont discuté jusque tard dans la nuit, discutant des programmes, des possibilités, etc. le lendemain, les conférences continuèrent, et lorsque le nouveau cabinet fut présenté au maréchal, celui-ci les reçut gracieusement, sinon chaleureusement. W. dit que Dufaure et Décazes étaient tout à fait merveilleux, connaissant exactement l'état des choses et connaissant l'humeur de la maison, qui devenait chaque jour plus avancée et plus difficile à gérer.

[Note 1 : Mon beau-frère, Richard Waddington, sénateur, est décédé en juin 1913, quelque temps après la rédaction de ces notes.]

W. convoqua aussitôt tous les fonctionnaires et le personnel du ministère. Il fit très peu de changements, se contentant de prendre comme chef de cabinet le jeune comte de Lasteyrie, aujourd'hui marquis de Lasteyrie, petit-neveu du marquis de Lafayette, fils de M. Jules de Lasteyrie, sénateur et ami dévoué de la famille d'Orléans. Deux ou trois jours après l'annonce du nouveau cabinet, W. m'emmena à l'Elysée rendre ma visite officielle à la maréchale de MacMahon. Elle nous reçut à l'étage, dans un joli salon donnant sur le jardin. Elle était très polie, pas particulièrement aimable – elle m'a donné l'impression d'une femme très énergique et pratique – ce que sont la plupart des Françaises. J'ai été très frappé par sa table à écrire, qui avait l'air très professionnelle. Il était couvert d'une quantité de lettres, de papiers, de cartes, de circulaires de toutes sortes ; elle s'occupait elle-même de toutes les affaires du ménage. J'ai toujours entendu dire (même si elle ne me l'a pas dit) qu'elle lisait toutes les lettres qui lui étaient adressées, et qu'elle devait avoir des centaines de lettres de mendicité. Elle était très charitable, très intéressée par toutes les bonnes œuvres et très gentille avec tous les artistes. Chaque fois qu'une lettre lui demandait de l'argent, elle faisait enquêter sur le cas et, si l'histoire était vraie, elle apportait immédiatement une aide pratique. Je fus d'abord consterné par le nombre de lettres reçues de toute la France demandant mon intercession auprès du ministre sur tous les sujets possibles, depuis la restauration d'un "monument historique", jusqu'à la pension accordée à un vieux maître d'école incapable de travailler, avec une grande famille à nourrir. Il m'était parfaitement impossible d'y répondre. Etant étrangère et n'ayant jamais vécu en France, je ne connaissais pas vraiment grand chose aux différentes questions. W. était trop occupé pour s'occuper d'aussi petites affaires, j'ai donc consulté M. de L., chef de cabinet, et nous sommes convenus que j'enverrais toute la correspondance qui ne lui était pas strictement personnelle, et qu'il la ferait examiner en le bureau." Les premières semaines du ministère de W. ont été très éprouvantes pour moi : je suis allé voir tant de gens, tant de gens sont venus me voir, tous des étrangers avec lesquels je n'avais rien de commun. Des conversations si mornes, qui ne dépassaient jamais les phrases les plus banales, — un monde si absolument différent de tous ceux dans lesquels j'avais jamais vécu.

Il est très difficile au début pour une femme qui épouse un étranger de réussir sa vie dans son nouveau pays. Il doit y avoir tellement de choses différentes, parfois meilleures peut-être, mais pas celles auxquelles on est habitué, et je pense que c'est plus difficile en France que dans n'importe quel autre pays. Les Français sont figés dans leurs habitudes et il y a si peu de sympathie pour tout ce qui n'est pas français. J'ai été frappé de cette absence de sympathie lors de certains des premiers dîners auxquels j'ai assisté. La conversation était exclusivement française, presque parisienne, très personnelle, avec des histoires et des allusions à des gens et à des choses que je ne connaissais pas. Personne ne rêvait de me parler de ma vie passée – ou de l'Amérique, ou de l'une de mes premières fréquentations – et pourtant j'étais un étranger – on aurait pensé qu'ils auraient pu se donner un peu plus de mal pour trouver des sujets d'intérêt général. Même aujourd'hui, après toutes ces années, la différence de nationalité compte. Parfois, quand je discute avec des amis très intimes d'une question et que je trouve que je ne comprends pas leurs vues et qu'ils ne peuvent pas comprendre les miennes, ils reviennent toujours à la vraie difficulté : « Ecoutez, chère amie, vous êtes d'une autre race. Je me plaignais plutôt à W. après les trois ou quatre premiers dîners - cela me paraissait de mauvaises manières, mais il dit non, j'étais la femme d'un homme politique français et tout le monde tenait pour acquis que je m'intéressais à la conversation - certainement personne n'avait l'intention d'être impoli. Le premier grand dîner auquel je suis allé cette année-là a eu lieu à l'Elysée, le dîner officiel habituel du corps diplomatique et du gouvernement. J'avais à mes côtés le baron von Zuylen, ministre néerlandais, un de nos grands amis, et de l'autre Léon Renault, préfet de police. Léon Renault était très intéressant, très intelligent, un excellent préfet de police. Certaines de ses histoires étaient très amusantes. Le dîner était très bon (toujours à l'heure du maréchal), pas long et, heureusement, il ne faisait pas trop chaud dans la salle. Parfois, la chaleur était terrible. Il y avait du monde le soir, avec la musique de la garde républicaine et le buffet dans la salle à manger qui était toujours bondée. Nous ne restions jamais très tard, car W. avait toujours des papiers à signer quand nous rentrions à la maison. Parfois, quand il y avait une grande pression de travail, ses « signatures » lui gardaient deux heures. Je ne pense pas que le maréchal ait beaucoup apprécié les réceptions. Comme la plupart des soldats, il se lève tôt, et les heures tardives et les conversations constantes le fatiguent.

J'ai aimé nos dîners et nos réceptions au ministère. Toutes les informations de la France passaient par nos chambres. Les gens arrivaient généralement tôt : à dix heures, les salles étaient pleines. Chacun a été annoncé, et il était très intéressant d'entendre les noms de toutes les célébrités de toutes les branches de l'art et de la science. Ce n'était qu'une impression passagère, car les invités me parlaient simplement à la porte et passaient leur chemin. À cette époque, presque personne ne se serrait la main à moins d'être assez intime – les hommes jamais. Ils me saluaient profondément à distance et s'arrêtaient rarement pour échanger quelques mots avec moi. Quelques femmes, peu nombreuses, se serrèrent la main. Ce fut une soirée fatigante, car je restai si longtemps debout et un cortège d'étrangers passa devant moi. Les réceptions se terminèrent tôt : tout le monde était parti à onze heures, sauf quelques flâneurs au buffet. Il y a toujours un certain nombre de personnes aux grandes réceptions officielles dont le but principal semble être de préparer un repas confortable. Les domestiques me disaient toujours qu'il ne restait plus rien après une grande fête. Il n'y avait pas d'invitations : la réception était annoncée dans les journaux, donc quiconque sentait qu'il avait le moindre droit sur le ministre se présentait à la fête. Certaines robes étaient drôles, mais il n'y avait rien d'excentrique – pas de femmes portant des chapeaux, portant des bébés dans les bras, comme on en voyait autrefois en Amérique lors de la réception du président à la Maison Blanche, à Washington – certaines très simples. des robes de soie noire à peine décolletées, et bien sûr un grand nombre de jolies femmes très bien habillées. Certains de mes amis américains venaient souvent avec une véritable curiosité américaine, désireux de découvrir une phase de la vie française qui leur était tout à fait nouvelle.

W. resta deux ans ministre de l'Instruction publique, et ma vie devint tout de suite très intéressante, très remplie. Nous n'habitions pas au ministère, ce n'était pas vraiment nécessaire. Tout le travail était terminé avant le dîner, à l'exception des « signatures », que W. pouvait tout aussi bien faire dans sa bibliothèque à la maison. Nous sommes allés inspecter l'Hôtel du Ministère, rue de Grenelle, avant de prendre notre décision finale, mais ce n'était pas vraiment tentant. Il y avait de belles pièces de réception et un joli jardin, mais les pièces à vivre étaient petites, peu nombreuses et décidément sombres. Bien sûr, je voyais beaucoup moins W. Il ne venait jamais déjeuner, sauf le dimanche, car c'était trop loin de la rue de Grenelle à l'Etoile. L'Arc de Triomphe se dresse sur la place de l'Étoile, au sommet des Champs-Élysées. Toutes les grandes avenues, Alma, Jéna, Kléber, et les rues adjacentes sont connues sous le nom de Quartier de l'Etoile. C'était avant l'époque du téléphone, alors chaque fois qu'une communication importante devait lui être faite alors qu'il était chez lui le soir, un dragon galopait avec son petit sac noir d'où il extrayait ses papiers. Cela provoqua une véritable émotion dans notre rue tranquille la première fois qu'il arriva après dix heures. Nous avons juste réussi notre balade matinale, et puis il y avait souvent des gens qui attendaient pour parler à W. avant de partir, et toujours à son retour. Il y avait beaucoup de patronage attaché à son ministère, des nominations dans toutes les universités, lycées, écoles, etc., et, ce qui me plaisait le plus, des loges dans tous les théâtres gouvernementaux, Grand Opéra, Opéra Comique, Français. , Odéon et Conservatoire. Chaque lundi matin, nous recevions la liste de la semaine et, après avoir fait notre propre sélection, nous la distribuions au monde officiel en général, parfois à nos amis personnels. Les loges du Français, de l'Opéra et du Conservatoire furent très appréciées.

J'allais très régulièrement aux concerts du dimanche après-midi au Conservatoire, où toute la musique classique était magnifiquement jouée. Ils se cantonnent généralement au strictement classique, mais commencent cette année-là à jouer un peu Schumann. Certains visages des habitués me sont devenus particulièrement familiers. Il y avait trois ou quatre vieillards aux cheveux gris assis dans la première rangée des stalles (sièges les plus inconfortables) qui suivaient chaque note de la musique, se retournant et fronçant les sourcils à l'égard de tout malheureux dans une loge qui laissait tomber un éventail ou une jumelle. . C'était drôle d'entendre le bourdonnement de satisfaction lorsqu'un mouvement bien connu de Beethoven ou de Mozart était attaqué. L'orchestre était parfait, à son meilleur je pense dans les « scherzos » qu'ils ont interprétés dans un style magnifique, si léger et si sûr. J'ai bien mieux aimé la partie instrumentale que le chant. Les voix françaises, en particulier celles des femmes, sont généralement ténues. Je pense qu'ils sacrifient trop à la « diction » – ne font pas assez ressortir les voix – mais le style et la formation sont parfaits dans leur genre.

Le Conservatoire est tout autant un élément social qu'une école de musique. C'était la chose à faire le dimanche après-midi. Aucune invitation n'était plus appréciée, car il était presque impossible d'avoir des places à moins d'être invité par un ami. Toutes les loges et sièges (la salle est petite) appartiennent à des abonnés et ce depuis une ou deux générations. De nombreux mariages y sont célébrés. Il y a très peu de théâtres à Paris où les filles peuvent être emmenées, mais l'Opéra Comique et le Conservatoire sont des lieux de villégiature très appréciés. Lorsqu'un mariage est imminent, la jeune femme, très bien habillée (toujours dans la plus simple tenue de jeune fille) est conduite au Conservatoire ou à l'Opéra Comique par son père et sa mère, et bien souvent par sa grand-mère. Elle s'assoit devant la loge et le jeune homme dans les stalles, où il peut étudier sa future épouse sans s'engager. La différence vestimentaire entre la jeune fille et la jeune femme est très fortement marquée en France. La jeune fille française ne porte jamais de dentelles, ni de bijoux, ni de plumes, ni d'étoffes lourdes d'aucune sorte, contrairement à ses contemporaines anglaises ou américaines, qui portent ce qu'elles aiment. La robe de mariée est classique, une robe simple, très longue, en satin blanc, et généralement un voile de tulle sur le visage. Lorsqu'il y a un beau voile de dentelle dans la famille, la mariée le porte parfois, mais pas de dentelle sur sa robe. La première chose que fait la jeune femme mariée est de porter une très longue robe en velours avec des plumes dans les cheveux.

Je pense que dans l'ensemble, les mariages arrangés se révèlent aussi bons que les autres. Ils sont généralement faits par des gens du même monde, accoutumés au même genre de vie, et aux fortunes aussi semblables que possible. Tout est calculé. Les jeunes couples passent habituellement l'été chez leurs parents ou beaux-parents, au château, et je connais des cas où il y a des détails curieux sur le nombre de lampes qu'on peut allumer dans leurs chambres, et sur l'usage de la voiture. certains jours. Je parle bien sûr des mariages purement français. Pour mes idées américaines, cela a semblé très étrange lorsque je suis arrivé pour la première fois en Europe, mais un long séjour dans un pays étranger modifie certainement les impressions. Il y a des années, lorsque nous vivions à Rome, quatre sœurs, avant qu'aucune de nous ne se marie, une charmante française, la duchesse de B., qui venait souvent à la maison, s'inquiétait beaucoup pour cette famille de filles, toutes très heureuses à la maison. et satisfaits de leur vie. Il est vrai que nous dansions, chassions et faisions beaucoup de musique, sans jamais nous soucier de l'avenir. La duchesse ne comprenait pas, elle parlait souvent très sérieusement à sa mère. Elle vint un jour avec une demande en mariage : un homme charmant, un Français pas trop jeune, avec une bonne fortune, un titre et un château, avait vu les filles de Madame le Roi dans la salle de bal et sur le terrain de chasse, et aimerait beaucoup. aime être présenté et faire sa cour. "Lequel?" avons-nous naturellement demandé, mais la réponse était vague. Cela semblait si curieusement impersonnel que nous pouvions à peine le prendre au sérieux. Cependant, nous avons proposé que le jeune homme vienne et que chacune des quatre fasse preuve de son talent particulier. L'un jouait et l'autre chantait (un peu comme la chanson du livre pour enfants, "on pouvait danser et on pouvait chanter, et on pouvait jouer du violon"), et le troisième, le polyglotte de la famille, parlait plusieurs langues. Nous étions plutôt perplexes quant à ce que ma sœur aînée pouvait faire, car elle n'était pas très sociable et ne parlait jamais aux étrangers si elle pouvait s'en empêcher, nous avons donc décidé qu'elle devait être très bien habillée et présider la table à thé derrière un vieux... urne en argent façonnée que nous utilisions toujours, ressemblant à une majestueuse maîtresse de maison recevant ses invités. Nous confiâmes tous ces projets à la duchesse, mais elle s'en voulut de nous, ne voulut pas amener le jeune homme et ne nous dit pas son nom. Nous n'avons jamais su qui il était. Depuis que je suis française (avant la loi) — je pense que tous les Américains restent américains, quel que soit le lieu où ils se marient —, je me suis intéressée trois ou quatre fois aux mariages faits, qui ont généralement bien tourné. Il y avait très peu d'Américains mariés en France durant toutes ces années, maintenant il y en a des légions de toutes sortes. Je ne me souviens d'aucun membre du monde parlementaire officiel dans lequel j'ai vécu au cours des premières années de mon mariage – ni d'anglais non plus. C'était absolument français, et plutôt né français. Très peu de gens, les femmes surtout, avaient la connaissance ou l'expérience des pays étrangers et s'en moquaient : la France leur suffisait.

W. était très heureux au ministère de l'Instruction publique, — toutes les questions pédagogiques l'intéressaient tant et les tournées en province et les visites dans les grandes écoles et universités, — certaines d'entre elles, dans le midi de la France particulièrement, manquaient singulièrement de les détails les plus élémentaires d'hygiène et de propreté, et il était très difficile d'effectuer les changements nécessaires, en donnant plus de lumière, d'air et d'espace. La routine est un facteur puissant dans ce pays très conservateur, où tant de choses existent simplement parce qu'elles ont toujours existé. Certaines de ses lettres de Bordeaux, Toulouse et Montpellier étaient des plus intéressantes. En règle générale, il était très bien reçu et s'entendait très bien, curieusement, avec le clergé, notamment le haut clergé, les évêques et les cardinaux. Le fait qu'il soit protestant lui était plutôt utile ; il pouvait avoir une vision impartiale des choses.

A Bordeaux, il séjourne à la Préfecture, où il se sent très bien, mais les journées sont fatigantes. Il a dit qu'il n'avait pas travaillé aussi dur depuis des années. Il a commencé à neuf heures du matin, visitant les écoles et les universités, est rentré pour le petit-déjeuner à midi, et immédiatement après a eu une petite réception, les recteurs, les professeurs et les personnes liées aux écoles avec lesquelles il voulait parler, à trois heures ont recommencé à voir plus. écoles et parcourant consciencieusement les bâtiments du sous-sol au grenier, - puis visites au cardinal, à l'archevêque, au général commandant, etc. - un grand dîner et réception le soir, le cardinal présent dans ses robes rouges, son coadjuteur en pourpre, le des officiers en uniforme et toutes les personnes liées de quelque manière que ce soit à l'université, qui étaient heureux de voir leur chef. Il y avait une absence totale de sénateurs et de députés bonapartistes (ce qui n'était pas surprenant, car W. avait toujours été dans une violente opposition à l'Empire), qui étaient assez nombreux dans ces régions. W. était vraiment très épuisé à son retour à Paris – il disait que c'était un luxe absolu de s'asseoir tranquillement et de lire dans sa bibliothèque, sans parler. Ce n'était pas un luxe qu'il appréciait beaucoup, car chaque fois qu'il était dans la maison, il y avait toujours quelqu'un qui lui parlait dans son bureau et d'autres qui l'attendaient dans le salon. Chaque minute de la journée, il était occupé. Les gens venaient toujours demander quelque chose pour eux-mêmes ou pour certains membres de leur famille, toujours candidats à l'Institut, se demandant avec anxiété quelles étaient leurs chances et s'il les avait recommandés à ses amis. Il est frappant, même dans ce pays de fonctionnaires (je crois qu'il y a plus de petits fonctionnaires en France que dans n'importe quel autre pays), combien il y a toujours de candidats aux places les plus insignifiantes - un Français adore les casquettes à galon d'or et à boutons dorés. son manteau.

Tout l'hiver 1876, qui vit la fin de l'Assemblée nationale et le début d'un nouveau régime, fut mouvementé dans les milieux parlementaires. Je ne sais pas si le pays était généralement très enthousiasmé par une nouvelle constitution et un changement de gouvernement. Je ne pense pas que le pays en France (les petits agriculteurs et les paysans) soit jamais très enthousiasmé par la forme de gouvernement. Tant que les récoltes sont bonnes et qu'il n'y a pas de guerre pour enlever leurs fils et leurs hommes valides, ils ne se soucient pas, souvent ils ne savent pas, si un roi ou un empereur règne sur eux. On dit qu'il y a des villages lointains, à moitié cachés dans les forêts et les montagnes, qui croient encore qu'un roi et un Bourbon règnent en France. Il fallait décider quelque chose ; le provisoire ne pouvait plus continuer ; le pays ne pouvait pas continuer sans un gouvernement stable. Tous les arguments et négociations de cette période ont été si souvent racontés que je n'entrerai pas dans les détails. Les deux centres, centre droit et centre gauche, avaient tout entre leurs mains en tant que grands éléments modérateurs de l'Assemblée, mais les revendications contradictoires des différents partis, légitimiste, orléaniste, bonapartiste et gauche avancée, rendaient la question très difficile. .

W., en tant que membre du Comité des Trente, était très occupé et préoccupé. Il revenait généralement très tard de Versailles et, lorsqu'il dînait chez lui, soit il sortait après le dîner pour assister à de nombreuses réunions dans différentes maisons, soit il recevait du monde à la maison. Je pense que la grande majorité des députés essayaient honnêtement de faire ce qu'ils croyaient le mieux pour le pays, et quand on se souvient des noms et des personnalités des deux côtés, MacMahon, Broglie, d'Audiffret-Pasquier, Buffet, Dufaure et Thiers, Casimir Périer, Léon Say, Jules Simon, Jules Ferry, Freycinet et bien d'autres, il est impossible de penser qu'aucun de ces hommes ait été animé par un autre esprit que l'amour de la patrie et un ardent désir de voir rétabli un gouvernement stable qui permettre à la France de reprendre sa place parmi les grandes puissances. Malheureusement, les divergences d'opinions quant à la forme du gouvernement rendaient les choses très difficiles. Certains jeunes députés, tout juste sortis de la guerre et irrités par un sentiment d'humiliaticn, abusèrent très violemment de toute restauration royaliste et particulièrement bonapartiste.

[Illustration : Réunion des officiers de l'Assemblée nationale, et des délégués des nouvelles Chambres, dans le salon d'Hercule, château de Versailles. Tiré de *L'Illustration* , 11 mars 1876.]

IV

LE CÔTÉ SOCIAL DE LA FEMME D'UN MINISTRE

Mon premier grand dîner au ministère de l'Instruction publique m'a plutôt intimidé. Nous étions cinquante personnes, je suis la seule dame. Je suis passé au ministère dans l'après-midi voir la table, qui était très bien dressée avec quantité de fleurs, belle porcelaine de Sèvres, pas beaucoup d'argent - il en reste très peu en France, tout ayant été fondu lors de la Révolution. Les dîners officiels sont toujours bien organisés à Paris. Je suppose que les traditions de l'Empire ont été transmises. Nous sommes arrivés quelques minutes avant huit heures, tout le personnel et les directeurs étaient déjà là, et dix minutes après huit, tout le monde était arrivé. J'étais assis entre Gérôme, le peintre, et Renan, deux hommes très différents mais chacun assez charmants, Gérôme grand, léger, animé, parlant très facilement de tout. Il m'a raconté qui étaient un grand nombre de personnes, avec un petit commentaire sur leur métier et leur carrière qui m'a été très utile, car j'en connaissais si peu. Renan était petit, gros, avec une très grosse tête, d'apparence presque inesthétique, mais avec un grand charme dans ses manières et le sourire et la voix les plus délicieux qu'on puisse imaginer. Il dînait souvent avec nous dans notre propre maison, en petit comité, et était toujours charmant. Il faisait partie de ces heureux mortels (il n'y en a pas beaucoup) qui rendaient intéressants tous les sujets qu'ils discutaient.

Après cette première expérience, j'ai beaucoup aimé les dîners des grands hommes. Il n'y avait pas de conversation générale ; Je causais exclusivement avec mes deux voisins, mais comme ils étaient toujours distingués dans quelque branche de l'art, de la science ou de la littérature, la conversation était brillante, et je trouvai l'heure de notre dîner très courte. W. tenait beaucoup à ne pas faire de longs dîners. Plus tard, au ministère des Affaires étrangères, où nous recevions parfois quatre-vingts convives, le dîner ne durait jamais plus d'une heure. Je ne restais pas toute la soirée aux dîners d'hommes. Dès qu'ils se dispersèrent pour discuter et fumer, je m'éloignai, laissant W. divertir ses invités. Nous avions souvent de grandes réceptions avec de la musique et de la comédie. Lors d'une de nos premières grandes fêtes, nous avons reçu plusieurs membres de la famille d'Orléans. J'étais plutôt nerveux, car je n'avais jamais reçu de redevances, et en fait je n'avais jamais parlé à un prince ou à une princesse royale. J'avais beaucoup vécu à Rome, étant jeune fille, pendant les derniers jours de Pie IX, et je n'étais jamais allée à Paris sous l'Empire. Lorsque nous retournâmes à Rome un hiver, après l'avènement du roi Victor Emmanuel, je me trouvai pour la première fois dans une chambre avec des rois, le prince et la princesse de Piémont. Je me souviens très bien d'avoir été si surpris en voyant deux des Romains que nous connaissions très bien revenir en arrière dans la salle de bal où nous étions assis. Je pensais qu'ils devaient anticiper le Mardi Gras et qu'ils se faisaient un peu masqués, sans réaliser que tout le monde était debout. Je restai assis un moment (au grand dam d'un des secrétaires anglais qui était avec nous et qui pensait que nous allions faire une démonstration américaine en aigle déployé et rester assis lorsque la royauté apparaîtrait). Cependant, par une sorte d'instinct, nous nous levâmes aussi (peut-être pour voir ce qui se passait), au moment même où les princes passaient. La princesse Marguerite était charmante, vêtue de blanc, avec ses splendides perles et ses beaux cheveux blonds.

Lorsqu'il fut décidé que nous inviterions les princes d'Orléans à notre soirée, je crus aller voir le duc Décazes, ministre des Affaires étrangères, homme charmant et charmant collègue, pour avoir des renseignements précis sur ma part de divertissement. Il ne pouvait pas penser ce que je voulais lorsque j'ai envahi son cabinet et a été très amusé lorsque j'ai exposé mon cas.

" Il n'y a rien d'inhabituel à recevoir les princes dans un ministère. Vous devez faire comme vous avez toujours fait. "

"Mais c'est justement la question, je ne l'ai *jamais fait* . Je n'ai jamais de ma vie échangé un mot avec un personnage royal."

"Ce n'est pas possible!"

"C'est absolument vrai ; je n'ai jamais vécu dans un endroit où il y avait un tribunal."

Quand il a vu que j'étais sérieux, il a été aussi gentil que possible, m'a dit *exactement* ce que je voulais savoir, que je n'avais pas besoin de dire « Altesse royale » à chaque fois que je parlais, seulement de temps en temps, comme ils aiment tous ça, que Je dois parler à la troisième personne : « Madame veut-elle », « Monseigneur veut-il me permettre », etc., et aussi que je dois toujours être à la porte quand une princesse arrive et la conduire moi-même à sa place.

"Mais si je suis à une extrémité de la longue enfilade de chambres qui emmènent   la
comtesse de Paris à son siège et qu'une autre princesse (Joinville ou Chartres) arrive, que faut-il faire ?"

"Votre mari doit toujours être à la porte avec son chef de cabinet, qui le remplacera pendant qu'il emmènera la princesse chez elle."

La marquise de L., charmante vieille dame aux cheveux blancs, aux beaux yeux bleus et aux joues roses, grande amie de la famille d'Orléans, m'accompagnait dans mes tournées pour remercier les dames royales d'avoir accepté notre invitation. Nous ne trouvâmes que la princesse Marguerite, fille du duc de Nemours, qui demeurait à Neuilly. J'avais toutes mes instructions de la marquise, combien de courtoisies faire, comment lui parler, et surtout ne pas parler avant que la princesse ne me parle. On nous fit entrer dans un joli salon ouvert sur un jardin, où la princesse attendait, debout à un fond de la pièce. Madame de L. m'a nommé, j'ai fait mes politesses, la princesse s'est serré la main, puis nous sommes restés debout, face à face. Elle n'a rien dit. Je me tenais parfaitement droit et silencieux, attendant. Elle changeait de couleur, bougeait nerveusement les mains, était visiblement envahie par la timidité, mais n'émettait pas un son. Cela m'a semblé très long, cela ne durait en réalité que quelques secondes, mais je devenais plutôt nerveux quand soudain un enfant a traversé le jardin en courant. Cela a brisé la glace et elle m'a posé la question royale classique : "Avez-vous des enfants, madame ?" Je n'en avais qu'un, et il était plutôt petit, mais sa nourrice, ses dents et sa nourriture m'ont quand même soutenu pendant un petit moment et après cela nous avons eu une conversation générale, mais je ne peux pas dire que la visite ait été vraiment intéressante. Tant que j'étais dans la vie publique, j'ai regretté de n'avoir qu'un seul enfant : les enfants, les crèches et les salles de classe étaient toujours un sujet de conversation infaillible. Les Françaises de toutes classes sociales s'intéressent beaucoup plus aux détails de leur crèche, à l'éducation et à l'éducation de leurs enfants que nous, les Anglo-Saxons. Je connais plusieurs mamans qui ont suivi tout le cours des études de leurs fils lorsqu'ils préparaient leur baccalauréat, jusqu'à l'écriture des compositions. L'infirmière en chef (anglaise) qui s'occupe entièrement de sa crèche, qui n'aime aucune interférence et amène les enfants chez leur mère à heures fixes, n'existe pas en France.

Notre soirée était très brillante, avec toutes sortes de notables de tout genre, et les plus grands artistes parisiens du Grand Opéra, de l'Opéra Comique et du Français. Dès la fin de la représentation, W. m'a dit que je devais aller remercier les artistes ; il ne pouvait pas quitter ses princes. Je me dirigeai vers le dernier de la longue suite de salons où ils étaient tous rassemblés. Le comte de L., chef de cabinet de W., m'accompagnait, et nous étions précédés d'un huissier armé d'épée et de chaîne, qui nous conduisait à travers la foule. Je me sentais très timide en arrivant dans la loge. Les artistes étaient rangés sur deux rangs, les femmes d'un côté, les hommes de l'autre, tous les regards bien entendu fixés sur madame la ministresse. Madame Carvalho, Sarah Bernhardt et Croizette se tenaient en tête de la longue file de femmes ; Faure, Talazac, Delaunay, Coquelin, de l'autre côté. J'ai parcouru d'abord la lignée des femmes, puis je suis revenu par celle des hommes. Je compris aussitôt, après le premier mot de remerciement et d'intérêt, combien il est facile aux princes, ou à n'importe qui en haut lieu, de faire plaisir. Ils ont tous répondu avec beaucoup de sourire et de naturel à tout ce que je disais. Après les deux ou trois premiers mots, cela ne me dérangeait plus du tout et je me retrouvais à discuter de l'acoustique, de la difficulté de jouer un rôle connu sans costumes, décors, etc., de l'inconvénient d'avoir le public si près, assez facilement. . Nous avions souvent de la musique et des récitations lors de nos fêtes, et cela me faisait toujours un grand plaisir. Je me souviens si bien d'un soir où nous avions la chorale du Conservatoire et où ils chantaient très joliment les vieux Plaisirs d'Amour de notre enfance. Cela a eu un grand succès et ils ont été obligés de le répéter. W. fit une grande innovation dans la tenue des dames du chœur du Conservatoire. Ils étaient toujours vêtus de blanc, ce qui était très bien pour les jeunes silhouettes minces, mais moins heureux pour une grosse dame d'âge moyen. Ainsi, après de nombreuses discussions, il a été décidé d'adopter le noir comme tenue officielle et je dois dire que c'était une énorme amélioration.

LE CÔTÉ SOCIAL

Toutes sortes de gens intéressants venaient nous voir au ministère de l'Instruction publique, entre autres le défunt empereur du Brésil, don Pedro de Bragance, qui passa cette année-là quelques mois à Paris avec sa fille, la jeune comtesse d'Eu. C'était un homme grand et beau, aux manières charmantes et faciles, très cultivé et très passionné de tout : art, littérature, politique. Ses messieurs disaient qu'il avait l'énergie d'un homme de vingt-cinq ans et qu'il avait largement dépassé l'âge moyen lorsqu'il était à Paris. Ils étaient parfois assez épuisés après une longue journée de visites et de visites touristiques avec lui. Il était un lève-tôt. Un des premiers rendez-vous qu'il donna à W. fut à neuf heures du matin, ce qui troubla beaucoup les habitudes de ce monsieur. Il ne se levait jamais tôt, travaillait toujours très tard (il disait que ses meilleures dépêches étaient écrites après minuit) et ne se souciait pas de commencer sa journée trop tôt. Une autre personnalité intéressante était Mommsen, l'historien et savant allemand. C'était un vieil homme d'apparence pittoresque avec des yeux bleus perçants et de nombreux cheveux blancs. Je ne pense pas que quelque chose de moderne l'intéressait beaucoup. C'était un vieil homme quand je l'ai vu pour la première fois, et il paraissait encore plus vieux que son âge. Lui et W. avaient l'habitude de se lancer dans de très longues et savantes discussions sur les antiquités et les médailles. W. a déclaré que les heures passées avec Mommsen le reposaient, ce qui le changeait des discussions « de magasin » toujours mêlées de politique en France.

Nous prenions souvent des petits-déjeuners politiques à la maison (plus de petits-déjeuners que de dîners). Nos députés et sénateurs de l'Aisne n'étaient pas très mondains, ne se souciaient pas beaucoup de dîner au restaurant. Ils étaient assez agréables lorsqu'ils parlaient de sujets qui les intéressaient. Henri Martin, sénateur de l'Aisne, était un républicain à l'ancienne, absolument convaincu qu'aucun autre gouvernement ne réussirait jamais en France, mais il était modéré. Saint Vallier, également sénateur de l'Aisne, était nerveux et facilement découragé lorsque les choses ne se passaient pas bien, mais il pensait lui aussi que la République était désormais le seul gouvernement possible, quelles qu'aient été ses préférences d'antan.

Le ministère de W. prit fin le fameux 16 mai 1877, lorsque le maréchal MacMahon prit soudain les choses en main et renvoya son cabinet présidé par M. Jules Simon. Les choses n'allaient pas sans heurts depuis quelque temps, entre deux hommes aussi absolument différents d'origine, d'habitudes et d'idées. Pourtant, la fameuse lettre écrite par le maréchal à Jules Simon fut un coup de tonnerre. Je me promenais sur les Champs-Elysées et le faubourg Saint-Honoré, le 16 mai au matin, et j'ai vu toutes les voitures, y compris la nôtre, attendant au ministère de l'Intérieur, où siégeait le conseil. Je suis rentré chez moi pour le petit-déjeuner, j'ai pensé que W. était plus tard que d'habitude, mais je n'ai jamais rêvé de ce qui se passait. Lorsqu'il parut enfin, tout à fait posé et souriant, avec sa nouvelle : « Nous sommes absents ; le maréchal nous a envoyés faire nos affaires », j'avais peine à y croire, même lorsqu'il me racontait tous les détails. Je savais depuis longtemps que les choses n'allaient pas bien, mais il y avait toujours tellement de frictions et d'éléments tellement opposés au sein du cabinet que je n'avais pas attaché beaucoup d'importance aux récits de séances houleuses et pensais que les choses allaient s'arranger.

[Illustration : Theodor Mommsen. D'après un tableau de Franz von Lenbach.]

W. dit que le maréchal était très civil avec lui, mais il était évident qu'il ne supportait plus Jules Simon et les diverses mesures qu'il sentait imminentes. Nous avons eu de nombreux visiteurs après le petit-déjeuner, tous très excités, se demandant quelle serait la prochaine étape : si les Chambres seraient dissoutes, le maréchal essayant d'imposer un cabinet de droite ou peut-être former un autre cabinet libéral modéré sans Jules Simon, mais en conservant quelques de ses ministres. C'était mon après-midi de réception, et pendant que j'étais assis tranquillement dans mon salon, discutant avec quelques-uns de mes amis, faisant des projets pour l'été, très heureux d'avoir à nouveau W. pour moi, le majordome s'est précipité dans la pièce en me disant que le La maréchale de MacMahon était dans l'escalier et venait me faire une visite. J'ai été très surpris, car elle n'est jamais venue me voir. Nous nous rencontrions très rarement, sauf lors d'occasions officielles, et elle ne cachait pas son aversion pour les dames républicaines officielles (mais elle avait toujours tout à fait raison, sinon enthousiaste). J'eus juste le temps de monter en haut de l'escalier pour la recevoir. Elle fut très aimable, un peu gênée, prit une tasse de thé - dit que le maréchal était très désolé de se séparer de W., qu'il n'avait jamais eu de problème ni de désaccord d'aucune sorte avec lui, mais qu'il était impossible de continuer avec lui. un cabinet alors qu'aucun des partis n'avait confiance dans l'autre. J'étais tout à fait d'accord, j'ai dit que c'était la fortune de la guerre ; J'espérais que le maréchal trouverait un autre premier ministre qui serait plus sympathique avec lui, et ensuite nous avons parlé d'autres choses.

Mes amis étaient très amusés. L'une d'elles, la marquise de T., connaissait bien la Maréchale, et lui dit qu'elle allait lui demander si elle était obligée de faire des visites de condoléances aux épouses de tous les ministres tombés. W. fut assez étonné lorsque je lui dis qui était venu prendre le thé avec moi et pensa que la conversation avait dû être difficile. Je lui ai dit, pas du tout, une fois terminées les phrases nécessaires sur les ministres sortants. Le piano était ouvert, la musique jonchait le sol ; elle aimait la musique et elle admirait beaucoup un portrait de son père enfant en robe Harrow, elle demandait de qui il s'agissait et quelle était cette robe. Elle était une femme du monde parfaite et personne n'était mal à l'aise.

Cela me paraissait assez étrange et très agréable de reprendre mon ancienne vie après deux ans de vie publique. W. prenait son petit déjeuner à la maison, allait au Sénat tous les jours et à l'Institut le vendredi et nous dînions avec nos amis et prenions de petits dîners dans notre propre maison au lieu de banquets officiels dans tous les ministères (généralement de Potel et Chabot à un prix aussi élevé). tête). La politique a été très animée tout l'été. Les Chambres furent dissoutes presque aussitôt après la constitution du nouveau cabinet, présidé par le duc de Broglie. Il était évident dès le premier instant que le nouveau ministère ne survivrait pas. (Le duc de Broglie en était bien conscient. Ses premiers mots en prenant ses fonctions furent : « On nous a jetés à l'eau, maintenant il faut nager. ») Il a fait un très bon combat, mais il a eu le pire de tous les défauts d'un leader, il était impopulaire. C'était un orateur brillant et cultivé, mais il avait un ton sec et dictatorial, avec un air toujours méprisant envers son public. Tellement différent de son collègue le duc Décazes, dont les manières charmantes et courtoises et les jolis yeux bleus faisaient de lui des amis même parmi ses adversaires. Il existe une histoire bien connue sur les deux ducs qui montre exactement la personnalité des hommes. Quelqu'un, un député je pense, désirait vraiment quelque chose que l'un ou l'autre de ces messieurs pouvait lui donner. Il se rendit d'abord chez le duc Décazes, alors ministre des Affaires étrangères, qui le reçut avec charme, se montra très gentil et courtois, mais ne fit pas ce que voulait l'homme. Il se rendit alors chez le duc de Broglie, président du Conseil, qui était occupé, le reçut très brièvement, coupa court à ses explications, et fut même extrêmement désagréable mais fit la chose, et cet homme aimait Décazes et détestait de Broglie. Toutes sortes de rumeurs circulaient ; nous avions l'habitude d'entendre les histoires et les projets les plus fous. Un jour, W. entra, l'air plutôt préoccupé. On pensait que la droite allait prendre les mesures les plus sévères, arrêter tous les ministres, les membres du cabinet de Jules Simon, de nombreux libéraux éminents. Il m'a dit que c'était tout à fait possible et m'a ensuite donné diverses instructions. Je devais surtout ne pas faire d'histoires s'ils venaient vraiment l'arrêter. Il m'a montré où se trouvaient toutes ses clés, ses papiers et son argent, m'a dit d'aller immédiatement chez son oncle, M. Lutteroth, qui habitait à côté. C'était un vieux diplomate, il connaissait tout le monde et me donnait de très bons conseils. Je ne me sentais pas très heureux, mais comme tant de choses prédites, rien ne s'est jamais produit.

Une autre rumeur, venue cette fois d'extrême gauche, était qu'une importante force armée sous le commandement d'un général connu et très haut placé dans sa carrière devait se rassembler dans le nord à Lille, qu'un fort contingent de républicains se joindrait à lui. qu'ils soient prêts à agir. Je me souviens très bien de deux amis de W. venant un matin, pleins d'enthousiasme pour ce projet. Je ne pense pas qu'ils savaient vraiment ce qu'ils allaient faire de leur armée. W. ne l'a certainement pas fait. Il a écouté tous les détails du plan ; on lui donna le nom du général, censé avoir des sympathies très républicaines (ce qui n'est généralement pas le cas des officiers), le nombre de régiments, etc., qui marcheraient à un signal donné, mais quand il dit : « C'est possible, vous pourriez rassembler un certain nombre d'hommes, mais que feriez-vous d'eux ? » ils étaient plutôt déconcertés. Ils n'étaient pas allés plus loin qu'une grande manifestation patriotique, avec des militaires, des tambours battant, des drapeaux flottants et la Marseillaise hurlée par une foule excitée. Toutefois, aucune mesure aussi extrême n'a jamais été appliquée. Dès le premier instant, il était évident qu'une large majorité républicaine serait reconduite ; presque tous les anciens députés furent réélus et un certain nombre de nouveaux, plus avancés dans leurs opinions. A la campagne, c'était le seul sujet de conversation.

Le Parlement fut dissous en juin 1877, mais nous restâmes en ville jusqu'à la fin juillet. Il ne faisait pas très chaud et beaucoup de monde est resté jusqu'à la fin de la séance. Les grandes écoles aussi ne disparaissent que le 15 juillet et de nombreux parents restent à Paris. La campagne républicaine avait déjà commencé et de nombreux petits dîners et réunions étaient organisés pour discuter des plans et des possibilités W. revenait généralement très tard de Versailles. Quand il savait que la séance serait très tard, il m'envoyait un message et j'allais dîner avec maman, mais parfois il restait là d'heure en heure. J'attendais longtemps avant de pouvoir dîner, et Hubert, le cocher, passait des heures dans la cour de la gare Saint-Lazare à attendre son maître. Nous avions une grande jument bai, un trotteur très rapide, qui faisait toujours le service du train, et les deux étaient stationnés là parfois de six heures trente à neuf heures trente, mais ils ne semblaient jamais s'en dégrader. W., bien qu'étant un homme très prévenant envers ses domestiques en général, ne se souciait jamais de faire attendre ses cochers et ses chevaux. Il disait que les cochers étaient les hommes les plus chaudement habillés de Paris, qu'ils prenaient toujours soin d'être bien couverts, et que nous n'avions jamais de chevaux de fantaisie, au pas haut, mais des chevaux ordinaires et forts, qui pouvaient attendre patiemment. W. a déclaré que les discussions dans les chambres et dans les halls étaient assez sauvages : toutes sortes de propositions extravagantes étaient faites. Il y eut de nombreuses conférences avec le duc d'Audiffret-Pasquier, le duc de Broglie, avec Casimir Périer, Léon Say, Gambetta, Jules Ferry et Freycinet, où les meilleurs hommes des deux côtés s'efforçaient de s'entendre. W. alla plusieurs fois au mois d'août voir M. Thiers, établi à Saint-Germain. Le vieil homme d'État était toujours aussi enthousiaste, recevant chaque jour toutes sortes de députations, conseillant, avertissant, encourageant, et très confiant quant au résultat des élections. Les gens le considéraient comme le prochain président, malgré son grand âge.

Mais il n'était pas destiné à voir le triomphe de ses idées. Il mourut subitement à Saint-Germain, le 3 septembre. W. a dit que ses funérailles étaient un spectacle remarquable : des milliers de personnes suivaient le cortège, tout Paris témoignant un dernier respect au libérateur du territoire (même s'il y avait encore des clubs où on l'appelait le sinistre vieillard). En août, W. se rendit à son Conseil général à Laon, et moi je descendis chez mon beau-frère à Saint-Léger, près de Rouen. Nous étions une très joyeuse fête de famille cosmopolite. Ma belle-mère est née écossaise (Chisholm). C'était un bon type de dame cultivée à l'ancienne mode, aux manières charmantes et polies, vivement intéressée par tout ce qui se passait dans le monde. Elle était vieille dame lorsque je me suis marié et avait survécu à presque tous ses contemporains, mais elle avait une belle vieillesse, entourée d'enfants et de petits-enfants. Elle avait vécu bien des vicissitudes depuis son mariage, lorsqu'elle arrivait au Château de Saint-Rémy dans le département d'Eure-et-Loire (où est né mon mari, son fils aîné), en passant par des arcs de triomphe érigés en l'honneur de la jeune mariée, jusqu'aux derniers jours où la fortune de la famille fut diminuée par les révolutions et les crises politiques et économiques en France. Ils quittèrent Saint-Rémy, vendirent le château et construisirent une maison au sommet d'une colline verdoyante près de Rouen, bien entourée de grands arbres et avec une belle vue du Rond Point, la partie la plus élevée du jardin, sur Rouen, avec les flèches de la cathédrale au loin. Je la retrouvais tous les matins quand j'allais dans sa chambre, assise à la fenêtre, ses livres et son tricot sur une table à proximité, regardant la pelouse et le sentier raide et sinueux qui montait du jardin, où elle avait vu trois générations de ses proches passent chaque jour : d'abord son mari, puis ses fils, maintenant ses petits-fils. Ma belle-sœur, la femme de R., était également anglaise ; la fille de la maison avait épousé son cousin, de Bunsen, qui avait été diplomate allemand et qui avait fait presque toute sa carrière en Italie, à la période la plus intéressante de son histoire, lorsqu'elle luttait pour s'émanciper de la domination autrichienne. et l'indépendance. J'étais un Américain, un élément assez nouveau dans le cercle familial. Nous avons eu des discussions nombreuses et très animées sur toutes sortes de sujets, en deux ou trois langues, à la table à thé sous le grand arbre de la pelouse. Le français et l'anglais étaient toujours présents, et souvent l'allemand, car de Bunsen parlait toujours à sa fille en allemand. Ma belle-mère, qui connaissait trois ou quatre langues, n'approuvait pas du tout l'habitude insouciante que nous avions tous prise de mélanger nos langues et d'utiliser des mots français ou italiens lorsque nous parlions anglais, si cela venait plus facilement. Elle a établi une règle selon laquelle nous ne devrions utiliser qu'une seule langue aux repas — elle ne se souciait pas de laquelle, mais nous devons nous y tenir. Mon beau-frère se présentait à la députation. Nous ne le voyions pas beaucoup pendant la journée : ses électeurs, ses visites, ses discours et ses banquets de pompiers prenaient tout son temps. Le début de sa carrière avait été très différent. Il a fait ses études en Angleterre (Rugby et Woolwich) et a servi plusieurs années dans la Royal Artillery de l'armée britannique. Sa formation militaire lui fut très utile lors de la guerre franco-prussienne, lorsqu'il équipa et commanda une batterie de campagne, réalisant toute la campagne. Ses frères officiers anglais se souvenaient toujours de lui. Plusieurs fois, lorsque nous vivions à l'ambassade en Angleterre, on m'a posé des questions sur lui. Une chose curieuse s'est produite un jour à la Chambre des Lords, montrant la merveilleuse mémoire des princes pour les visages. R. séjournait chez nous quelques jours, lorsque survint le débat annuel sur le projet de loi relatif au mariage de la sœur d'une épouse décédée. Le prince de Galles (feu le roi Édouard) et tous les autres princes étaient présents à la Chambre. R. était là aussi, debout comme tous les étrangers, à l'entrée du hall. Le débat terminé, le prince de Galles s'en alla. En passant, il a serré la main de plusieurs messieurs qui se tenaient également près du hall, dont R. Il s'est arrêté un instant devant lui en disant : « Je pense que c'est M. Waddington. La dernière fois que je vous ai vu, vous portiez Her L'uniforme de Majesté. Il ne l'avait pas vu depuis vingt-cinq ou trente ans. J'ai ensuite demandé au prince comment il l'avait reconnu. Il a dit qu'il ne savait pas; c'était peut-être remarquer un visage inconnu dans le groupe d'hommes qui se tenait là, et quelque chose rappelait son frère, l'ambassadeur.

En septembre, nous descendîmes à Bourneville et nous y installâmes pour l'automne. W. se présentait au Sénat avec le comte de Saint-Vallier et Henri Martin. Ils préféraient tous être nommés dans leur département, où tout le monde les connaissait et où leur influence personnelle pouvait se faire plus facilement sentir. La campagne de W. n'a pas été très ardue. Tout le monde le connaissait et l'aimait ; il savait qu'il ferait tout ce qu'il promettait. Leur programme était absolument républicain, mais modéré, et il ne fit que quelques discours et parcourut un peu le pays. Je l'accompagnais souvent lorsqu'il chevauchait, et certaines de nos visites aux agriculteurs et aux autorités locales étaient amusantes, voire encourageantes. Nous avons toujours été très bien accueillis, mais il n'a pas été facile de savoir ce qu'ils pensaient réellement (s'ils y réfléchissaient) de la situation. Les petits propriétaires particulièrement, les hommes qui possédaient un champ et un jardin, étaient très réservés. Ils écoutèrent assez attentivement tout ce que W. avait à dire. Il n'était jamais long, jamais personnel et n'insultait jamais ses adversaires, mais ceux-ci exprimaient rarement une opinion. Ils tournaient presque toujours la conversation sur une question locale ou sur un petit grief. Il ne me semblait pas qu'ils s'intéressaient le moins du monde aux changements extraordinaires qui se produisaient en France. Beaucoup de monde venait voir W. et il y avait parfois une curieuse collection dans sa bibliothèque en fin de journée. Le médecin (qui a toujours eu des renseignements précis — les médecins de campagne en ont toujours — ils voient beaucoup de monde et j'imagine que les femmes leur parlent et leur disent ce que font leurs hommes), un ou deux agriculteurs, des maîtres d'école, les maires des communes. villages les plus proches, les capitaines des pompiers et des archers (on tire encore à l'arc et aux flèches dans notre pays ; tous les dimanches les hommes s'entraînent au tir sur cible) - les gendarmes, bien utiles eux aussi pour apporter des nouvelles - les notaire, et quelquefois sous-préfet, mais c'était alors un personnage représentant le gouvernement, et il était traité avec plus de cérémonie que les autres visiteurs. Il ressortait de toutes ces sources que les Républicains arrivaient en masse au front.

Les Républicains (pour une fois) étaient merveilleusement disciplinés et maintenaient leur cohésion. C'était vraiment merveilleux quand on pensait à tous les différents éléments qui étaient représentés dans le parti. Il y avait autant de différence entre les hommes modérés et discrets du centre gauche et de l'extrême gauche qu'entre les légitimistes et n'importe quelle faction du parti républicain. Les libéraux avaient le fort sentiment qu'ils étaient contraints, que des mesures arbitraires, peut-être un coup d'État, seraient imposés à eux, et ils étaient bien déterminés à résister. Je ne pense pas qu'il y ait jamais eu de danger de coup d'État, du moins tant que le maréchal MacMahon était le chef de l'État. C'était un bon soldat honorable et patriote, totalement incapable de commettre une quelconque illégalité. Il n'aimait pas la République, pensait honnêtement qu'elle ne réussirait jamais avec les Républicains (la République sans Républicains était pour lui sa seule chance) - et il avait certainement des illusions et pensait que ses amis et ses conseillers réussiraient à construire et à maintenir un parti conservateur ferme. gouvernement. Il est difficile de dire dans quelle mesure cette illusion était partagée par son entourage. Ils ont bien mené leur bataille – la pression du gouvernement s'est exercée de toutes les manières. Les préfets et les sous-préfets ont changé, de merveilleuses perspectives de peu de travail et de salaires élevés ont été offertes à des électeurs douteux, et les mêmes promesses brillantes et illusoires faites aux masses, que tous les partis font à toutes les élections et auxquelles le peuple croit à chaque fois. Les Républicains ne chômèrent pas non plus et de nombreux discours patriotiques enflammés furent prononcés de leur côté. Gambetta a toujours tenu son public par ses déclamations passionnées et sincères, et sa célèbre phrase, selon laquelle le maréchal doit «se soumettre ou se démettre», est devenue un mot de passe dans tout le pays.

V

UNE VICTOIRE RÉPUBLICAINE ET UN NOUVEAU MINISTÈRE

Les élections eurent lieu en octobre-novembre 1877 et donnèrent aussitôt une large majorité républicaine. W. et ses deux collègues, le comte de Saint-Vallier et Henri Martin, remportèrent une victoire facile, mais un grand nombre de leurs amis personnels, modérés, furent battus. Les centres étaient nettement plus faibles dans les nouvelles Chambres. Il ne restait plus beaucoup d'espoir d'unir les deux centres Droite et Gauche dans la fameuse « fusion » dont rêvaient les hommes modérés.

Les nouvelles Chambres se sont réunies à Versailles en novembre. Le cabinet Broglie était absent, mais un nouveau ministère de droite faisait face au nouveau Parlement. Leur vie fut très courte et orageuse ; ils étaient bien morts avant de commencer à exister et, en décembre, le maréchal fit venir M. Dufaure et le chargea de former un ministère de la Gauche. Aucun de ses amis personnels, à l'exception du général Borel du War Office, ne faisait partie de la nouvelle combinaison. W. a été nommé au ministère des Affaires étrangères. J'ai été plutôt déçu lorsqu'il est rentré à la maison et m'a dit qu'il avait accepté ce portefeuille. Je trouvais que son ancien ministère, l'Instruction publique, lui convenait si bien, que le travail l'intéressait, était tout à fait de son goût. Il connaissait tout le monde littéraire et éducatif, non seulement en France mais partout ailleurs : en Angleterre bien sûr, où il avait suivi nombre de ses camarades de Cambridge, et en Allemagne, où il entretenait également des relations littéraires. Cependant, cette large connaissance et sa parfaite connaissance de l'anglais et des Anglais l'ont beaucoup aidé à la fois, non seulement au Quai d'Orsay, mais pendant toutes les années où il fut en Angleterre comme ambassadeur.

Le nouveau ministère, avec Dufaure comme président du Conseil, Léon Say aux Finances, M. de Freycinet aux Travaux publics et W. aux Affaires étrangères, fut annoncé le 14 décembre 1877. Les préliminaires avaient été longs et difficiles. le maréchal et ses amis d'un côté, les républicains et Gambetta de l'autre, les modérés essayant de maintenir l'unité. Personnellement, je regrettais plutôt que W. ait accepté de faire partie du cabinet ; Je n'étais pas très intéressé par la vie officielle et je prévoyais beaucoup de choses désagréables. La politique jouait un grand rôle dans la vie sociale. Toute la « société », le faubourg Saint-Germain (qui représente les anciens noms et titres de France), était violemment opposée à la République. J'ai été étonné, les premières années de ma vie conjugale en France, de voir des gens d'une certaine position et d'une certaine position prendre froid à des hommes qu'ils avaient connus toute leur vie parce qu'ils étaient républicains, les sachant très bien pour être des messieurs honorables et indépendants, voulant rien de la part de la République, ils essaient simplement de faire de leur mieux pour le pays. Je n'ai réalisé que peu à peu que les gens se retenaient parfois un peu de moi, en tant qu'épouse d'un député républicain. Je m'en fichais particulièrement, n'ayant jamais vécu en France et connaissant très peu de monde, mais cela ne rendait pas les relations sociales très agréables et j'aurais été plus content si W. n'y avait pas pris une part active. Cependant, ce sentiment n'était que temporaire. Je me suis vite intéressé vivement à la politique (je suppose que c'est dans le sang - tous les hommes de ma famille en Amérique étaient des politiciens) et à la discussion des diverses questions qui transformaient rapidement la France en quelque chose de tout à fait différent. Il serait difficile de dire si le changement a été positif, même aujourd'hui, après plus de trente-cinq ans de République.

Freycinet était une grande force. Il était absolument républicain, mais modéré, très intelligent et énergique, grand ami de Gambetta, et bel orateur. J'ai entendu des hommes dire qu'ils ne se souciaient pas particulièrement de lui, et qu'ils n'étaient pas du tout de son avis, qu'ils préféraient ne pas discuter avec lui. Il était sûr de les gagner à sa cause grâce à ses arguments clairs et persuasifs.

[Illustration : Palais du Ministre des Affaires étrangères, Paris.]

Les premiers jours ont été très chargés. W. devait voir tout son personnel (très nombreux) du ministère des Affaires étrangères et organiser son propre cabinet. Il était dehors toute la journée, jusque tard dans la soirée, au Quai d'Orsay ; J'avais l'habitude d'y aller vers dix ou dix heures trente, d'y prendre mon petit-déjeuner et de revenir pour un dîner très tardif, et j'avais toujours un directeur ou un secrétaire qui travaillait avec lui chez nous après le dîner. Je suis allé trois ou quatre fois inspecter le ministère, car j'avais le pressentiment que nous finirions par y vivre. La maison est grande et belle, avec un bel escalier et de grandes pièces hautes. Le mobilier était bien sûr « ministériel » – rigide et lourd – des chaises et des canapés aux dossiers dorés alignés contre les murs. Il y avait de bons tableaux, entre autres le Congrès de Paris, qui occupe une place importante dans un des salons, et de splendides tapisseries. Ce qui était le plus attrayant était un beau et grand jardin à l'arrière, mais comme les pièces à vivre étaient à l'étage, nous ne l'utilisions pas beaucoup. Les pièces basses, qui ouvraient sur les jardins, servaient uniquement de pièces de réception. Le cabinet du ministre se trouvait également en bas, communiquant par un petit escalier avec sa chambre, juste au-dessus. La façade de la maison donne sur la Seine ; nous avions toujours une vue charmante par les fenêtres, la nuit surtout, quand passaient tous les petits bateaux-mouches avec leurs lumières. Il me fallait bien sûr faire connaissance avec tout le corps diplomatique. Je connaissais tous les ambassadeurs et la plupart des ministres, mais il y avait quelques représentants des petites puissances et des républiques sud-américaines avec lesquels je n'avais jamais eu de contact. J'ai de nouveau rendu une visite officielle à la Maréchale de MacMahon dès l'annonce du ministère. Elle était parfaitement polie et correcte, mais on sentait tout de suite qu'elle n'avait pas la moindre sympathie pour quoi que ce soit de républicain, et nous ne nous sommes jamais mieux connus au fil des mois où nous avons été ensemble. Nous restâmes plusieurs semaines chez nous, puis décidâmes, à contrecœur, de nous installer au ministère. W. travaillait toujours très tard après le dîner, et il ne trouvait pas possible de demander à ses directeurs, tous des hommes importants d'un certain âge, de monter à dix heures au Quartier de l'Etoile et de les occuper jusqu'à minuit. . Le nouveau chef de cabinet de W., le comte de Pontécoulant, tenait beaucoup à ce que nous déménagions, pensant que tout serait simplifié si W. habitait là-bas. Je n'avais jamais connu Pontécoulant jusqu'à ce que W. le choisisse comme chef de cabinet. C'était un diplomate avec quelques années de service derrière lui, et il était parfaitement au courant de toute la routine et des habitudes du ministère des Affaires étrangères. Il m'a rendu une courte visite officielle peu après avoir accepté le poste ; nous avons échangé quelques remarques sur la situation, j'espérais que nous ferions bon ménage, et je n'ai eu de lui aucune impression particulière sinon qu'il était très français et raide ; Je ne pensais pas que je devrais le voir beaucoup. Il semble curieux maintenant de revenir sur cette première interview. Nous l'aimions tous tellement, c'était un ami loyal et fidèle, toujours prêt à m'aider dans les petites difficultés, et j'allais vers lui pour tout : visites, domestiques, chevaux, etc. W. n'avait pas de temps pour quoi que ce soit. détails ou commodités de la vie. Nous avons déménagé juste avant le jour de l'An. Le gros mobilier étant déjà là, nous n'avons repris que des objets personnels, piano à queue, paravents, tables, fauteuils, petites bibelots et bibelots. Tout cela fut envoyé en camion de bonne heure un matin, et après le déjeuner je m'y rendis, ayant donné rendez-vous à Pontécoulant et à M. Kruft, chef du matériel, homme excellent et intelligent, qui m'a été très utile et dévoué pendant les deux années. J'habitais au ministère. J'étais très déprimé lorsque nous sommes entrés dans la cour. Je n'avais jamais vécu de ce côté-là de la rivière, et je me sentais coupé de tous mes biens, le pont était une terreur, si froid en hiver, si chaud en été, je ne m'y suis jamais habitué, je ne l'ai jamais traversé à pied. La vue des grandes salles vides ne me rassurait pas. Les salles de réception étaient évidemment très belles. Il y avait un grand nombre de domestiques, d'huissiers et de valets de pied, et des gens attendaient dans le grand salon pour parler à W. Les salons à l'étage étaient horribles, paraissaient nus et inconfortables au plus haut point. Ils étaient grands et hauts et donnaient sur le jardin, même si, par une sombre journée de décembre, ce n'était pas très gai – mais il y avait des possibilités. Kruft était très sympathique, comprenait très bien ce que je ressentais et était prêt à faire tout ce que je voulais en termes de poêles, de bains, d'armoires à lingerie, de nouveaux tapis et de rideaux. Pontécoulant aussi était éminemment pratique, et j'étais assez amusé de me retrouver à discuter lingerie et salle de bain avec un parfait inconnu que je n'avais vu que deux fois dans ma vie. Il m'a fallu environ une semaine pour m'installer vraiment. J'y allais tous les jours, retournant chez moi pour manger et dormir. Kruft a fait des merveilles ; l'endroit était complètement transformé lorsque j'ai finalement emménagé. Les chambres avaient l'air très lumineuses et confortables lorsque nous sommes arrivés dans l'après-midi du 31 décembre (réveillon du Nouvel An). Le petit salon du fond, dont j'avais fait mon boudoir, était tendu de satin bleu ; mon piano, mes paravents et mes petites choses étaient très bien placés – beaucoup de palmiers et de fleurs, des feux vifs partout – les chambres, la chambre d'enfant et la lingerie étaient propres et lumineuses. Ma chambre ouvrait sur un grand salon, où je recevais habituellement, gardant mon boudoir pour nous et nos amis intimes. Mon huissier spécial, Gérard, qui restait assis toute la journée devant la porte du salon, m'a été présenté et est immédiatement devenu un membre très utile et important de la maison - n'oubliant jamais un nom ni un visage, se souvenant des cartes et des notes que j'avais reçues. , que les notes soient répondues ou que les factures soient payées, connaissait presque toute ma garde-robe, me ferait descendre un manteau ou une écharpe si j'en avais soudainement besoin en bas. J'eus de fréquentes consultations avec Pontécoulant et Kruft pour régler tous les détails des divers services avant que nous soyons tout à fait installés. Nous reprenâmes tous nos domestiques et en trouvâmes beaucoup d'autres qui faisaient partie du personnel permanent du ministère, valets de pied, huissiers et hommes divers, qui s'occupaient de tous les incendies, ouvraient et fermaient toutes les portes, fenêtres et volets. Il était assez difficile d'organiser le service régulier, il y avait une telle rivalité entre nos propres domestiques et les hommes qui appartenaient à la maison, mais au bout d'un moment les choses se passèrent plutôt bien. W. a dîné dehors le premier soir où nous avons dormi au Quai d'Orsay, et environ une heure après notre arrivée, alors que je me promenais encore avec mon chapeau et mon manteau, me sentant très étrange dans les grandes chambres hautes, on m'a dit que le lampiste attendait mes ordres (quelques lampes avaient été allumées dans certaines pièces). Je ne savais pas vraiment quels ordres donner, je n'en avais pas encore maîtrisé le nombre ; mais je l'ai fait appeler, lui ai dit que je serais seul pour le dîner, peut-être qu'une ou deux lampes dans la salle à manger et le petit salon suffiraient. Il pensait évidemment que ce n'était pas du tout suffisant, il voulait quelque chose de plus précis, alors j'ai dit à la lumière comme il en avait l'habitude lorsque le duc Décazes et sa famille dînaient seuls (ce qu'ils n'ont jamais fait, je suppose, ni nous non plus). quand nous avons pris notre vie). Un tel éclat de lumière s'est présenté à mes yeux quand j'allais dîner que j'en étais tout ahuri : boudoir, salle de billard, salle à manger (très grande, la petite table ronde pour une personne à peine perceptible), et les couloirs tous éclairés "à giorno". ". Cependant, cela avait l'air très joyeux et m'a empêché d'avoir un mal du pays trop terrible pour ma propre maison et mon environnement familier. Les chambres étaient si hautes qu'on n'entendait pas le bruit de la rue, mais la rivière avait l'air vivante et conviviale avec les lumières des ponts et quelques bateaux encore en marche.

Nous avions bien plus à recevoir et à recevoir au Quai d'Orsay que dans tout autre ministère, et nous étions obligés de sortir beaucoup plus nous-mêmes. La saison dans le monde officiel commence par une réception chez le Président le jour du Nouvel An. Le corps diplomatique et les présidents du Sénat et de la Chambre se rendent solennellement à l'Elysée pour présenter leurs respects au chef de l'État, les ambassadeurs avec tout leur personnel en uniforme dans des carrosses de gala. C'est un joli spectacle, et il y a toujours beaucoup de monde qui attend dans le faubourg Saint-Honoré pour voir les voitures. La voiture anglaise est toujours la meilleure ; ils comprennent tous les détails du harnais et de la livrée bien mieux que quiconque. Le maréchal et sa famille étaient établis à l'Elysée. Il ne lui était pas possible de rester à Versailles, il ne pouvait pas être si loin de Paris, où toutes sortes de questions se posaient chaque jour, et où il était obligé de recevoir des députations et des rapports, et de voir des gens de toutes sortes. On agitait déjà la question du retour du Parlement à Paris. Les députés se plaignaient généralement de la perte de temps et de l'inconfort du trajet quotidien même dans le train parlementaire. La droite, dans son ensemble, était très opposée au retour des Chambres à Paris. Je n'ai jamais pu comprendre pourquoi. Je suppose qu'ils avaient peur qu'une séance orageuse n'entraîne des troubles. Dans les rues d'une grande ville, il y a toujours une population flottante prête à épouser violemment n'importe quelle cause. A Versailles, on était à l'écart d'un tel danger, et, sauf aux abords immédiats du château, il n'y avait personne dans les longues avenues désertes. Ils ont souvent cité les États-Unis, comment aucun homme d'État, après la signature de la Déclaration d'Indépendance (à Philadelphie), n'aurait osé proposer que le Parlement siège à New York ou à Philadelphie, mais la raison était très différente ; ils furent obligés de créer une zone neutre, quelque chose entre le Nord et le Sud. Le District de Columbia est une chose à part, n'appartenant à aucune des deux parties. Cela a certainement très bien fonctionné en Amérique. Washington est une belle ville, avec ses vieux arbres splendides et ses larges avenues. Elle a un cachet qui lui est propre et ne ressemble à aucune autre ville que je connais dans le monde.

Le maréchal recevait à l'Elysée tous les jeudis soir, lui et son état-major en uniforme, ainsi que tous les officiers qui venaient, ce qui faisait un brillant rassemblement. Leurs grands dîners et réceptions étaient toujours extrêmement bien organisés. Hormis quelques amis personnels, peu de gens du monde étaient présents : le corps diplomatique, d'ordinaire très bien représenté, le gouvernement et leurs épouses, un certain nombre de députés libéraux, un grand nombre d'officiers. Nous recevions tous les quinze jours, en commençant par un grand dîner. C'était une réception ouverte, annoncée dans les journaux. Les diplomates étaient toujours très forts, ainsi que le Parlement – peu de femmes. Beaucoup de députés restèrent à la campagne, ne prenant leur chambre que pendant que les Chambres siégeaient, et leurs femmes ne parurent jamais à Paris. La « société » ne nous venait pas beaucoup non plus, sauf dans certaines occasions où nous avions un prince royal ou des étrangers très distingués. Outre les grandes réceptions officielles, nous faisions souvent de petits dîners à l'étage pendant la semaine. Je repense à certains d'entre eux avec beaucoup de plaisir. J'étais généralement la seule dame avec huit ou dix hommes, et la conversation était souvent brillante. Certains de nos habitués étaient feu Lord Houghton, un charmant causeur ; Lord Dufferin, alors ambassadeur à Saint-Pétersbourg ; Sir Henry Layard, ambassadeur britannique en Espagne, un homme intéressant qui avait été partout et qui avait vu et connu tout le monde qui valait la peine d'être connu dans le monde ; le comte Schouvaloff, ambassadeur de Russie à Londres, courtisan poli, extrêmement intelligent ; lui et W. furent ensuite collègues au Congrès de Berlin, et W. m'a souvent raconté avec quel brio il défendit sa cause ; Le général Ignatieff, le prince Orloff, le nonce Monseigneur Czascki, tout à fait charmant, le type du prélat mondain, très large (bien que très catholique) dans ses idées, mais jamais agressif ou désagréable à l'égard de la République, comme l'étaient tant de membres du clergé. Il aimait beaucoup la musique et m'accompagnait parfois au Conservatoire le dimanche ; il avait une grande admiration pour la manière dont ils jouaient la musique classique ; il s'appuyait en arrière sur sa chaise dans un coin (il ne s'asseyait jamais devant la boîte) et buvait à chaque bruit.

Nous avions parfois de la musique informelle dans mon petit salon bleu. Le baron de Zuylen, ministre des Pays-Bas, était un excellent musicien, ainsi que le comte de Beust, ambassadeur d'Autriche. C'était un compositeur. Je me souviens qu'il me joua un jour une marche nuptiale qu'il avait composée pour le mariage d'un des archiducs. C'était très descriptif, avec des cloches, des canons, des hourras et un hymne nuptial – assez difficile à rendre sur un piano – mais il y avait une certaine dose d'imagination dans la composition. Les deux m'accompagnaient souvent au Conservatoire. Un jour, le comte de Beust m'a amené Liszt. J'avais tellement envie de voir ce personnage complexe, fait d'enthousiasmes de toutes sortes, patriotiques, religieux, musicaux. Il était vêtu de l'habit noir ordinaire d'un prêtre, ressemblait à un ascète au visage pâle et maigre, qui s'éclairait beaucoup lorsqu'il discutait de tout sujet qui l'intéressait. Il n'a pas dit un mot sur la musique, ni à ce moment-là, ni lors d'une occasion ultérieure, lorsque j'ai déjeuné avec lui chez un grand ami et admirateur, qui était un beau musicien. J'espérais qu'il jouerait après le déjeuner. C'était un homme très âgé, qui jouait rarement à cette époque, mais on aurait aimé l'entendre. Madame M. pensait qu'il le ferait peut-être pour elle, si la fête n'était pas trop nombreuse et si les invités « sympathisaient » avec lui. J'ai entendu tellement d'artistes dire que cela faisait toute la différence pour eux lorsqu'ils sentaient que le public était avec eux : s'il y avait un visage antipathique ou critique parmi la masse des gens, c'était le seul visage qu'ils pouvaient distinguer, et cela les affectait. beaucoup. Le piano était ouvert de manière engageante et la musique circulait, mais il ne l'a apparemment pas vu. Il parla politique et beaucoup de tableaux avec quelques artistes présents.

[Illustration : Franz Liszt.]

Je l'ai entendu jouer plusieurs années plus tard à Londres. Nous déjeunions encore ensemble, chez un ami commun, qui n'était pas du tout musical. Il n'y avait même pas de piano dans la maison, mais elle en avait apporté un pour l'occasion. Arrivé assez tôt, le jour de la fête, je trouvai la maîtresse de maison, aidée par le comte Hatzfeldt, alors ambassadeur d'Allemagne en Angleterre, occupée à transformer son salon. Le piano à queue, qui se trouvait bien en évidence vers le milieu de la pièce, ouvert, avec de la musique (j'ose dire une partie de la musique de Liszt - mais je n'ai pas eu le temps de l'examiner), était repoussé dans un coin. , toute la musique cachée, et l'instrument recouvert de photographies, de vases de fleurs, de statuettes, de gros livres, tout ce qu'on ne met pas habituellement sur les pianos. J'étais assez perplexe, mais Hatzfeldt, qui était un grand ami de Liszt et connaissait toutes ses particularités, consulté par Madame A. sur ce qu'elle pouvait faire pour inciter Liszt à jouer, avait répondu : « Commencez par mettre le piano dans le le coin le plus éloigné et le plus sombre de la pièce, et y mettre toutes sortes d'objets lourds. Il ne pensera alors pas que vous lui avez demandé dans l'espoir de l'entendre jouer, et peut-être pourrons-nous le persuader. Les préparatifs venaient juste d'être terminés lorsque le reste de la compagnie arriva. Nous n'étions pas un grand groupe et la conversation était assez agréable. Liszt avait l'air beaucoup plus âgé, si incolore, avec une peau ivoire, mais il semblait tout aussi animé et intéressé par tout. Après le déjeuner, alors qu'ils fumaient (nous tous ensemble, personne n'entrait dans le fumoir), lui et Hatzfeldt commencèrent à parler de l'Empire et des belles fêtes de Compiègne, où n'importe qui de quelque distinction dans n'importe quelle branche de l'art ou de la littérature était invité. Hatzfeldt a amené la conversation à certains soirs où Strauss jouait ses valses avec un train, un sentiment que personne d'autre n'a jamais atteint, et à Offenbach et ses mélodies - un soir surtout où il avait improvisé une chanson pour l'Impératrice - il ne pouvait pas je m en souviens bien. S'il y avait un piano, il regardait autour de lui. Apparemment, il n'y en avait pas. "Oh, oui, dans un coin, mais il y a tellement de choses dessus qu'il n'était évidemment jamais destiné à être ouvert." Il s'en approcha, suivi de Liszt, demandant à la comtesse A. si on pouvait l'ouvrir. Les objets ont été rapidement retirés. Hatzfeldt s'est assis et a joué quelques mesures d'une manière plutôt hésitante. Au bout d'un moment, Liszt dit : « Non, non, ce n'est pas tout à fait cela. Hatzfeldt se releva. Liszt s'assit au piano, joua deux ou trois morceaux de chansons, ou de valses, puis, parlant toujours avec Hatzfeldt, laissa ses doigts vagabonder sur les touches et se lança peu à peu dans un nocturne et une marche hongroise sauvage. C'était très curieux ; ses doigts semblaient faits d'ivoire jaune, si fins et si longs, et bien sûr il n'y avait aucune force ni exécution dans son jeu - c'était le toucher d'un vieil homme, mais d'un maître - ce qui ne ressemblait à rien de ce que j'ai connu. déjà entendu. Quand il s'est levé, il a dit : "Oh, eh bien, je ne pensais pas que les vieux doigts contenaient encore de la musique." Nous avons essayé de le remercier, mais il ne nous a pas écouté et a immédiatement parlé d'autre chose. Après son départ, nous félicitâmes l'ambassadeur de la façon dont il avait géré les choses. Hatzfeldt était un charmant collègue, très intelligent, très musical, un véritable homme du monde. J'étais toujours heureux quand il était à côté de moi au dîner, j'étais sûr de passer une heure agréable. Il avait vécu de nombreuses années à Paris pendant les jours brillants de l'Empire et y connaissait tout le monde qui valait la peine d'être connu. Il avait la réputation, malgré son long séjour à Paris, d'être très anti-Français. Je pouvais difficilement en juger, car il ne me parlait jamais de politique. Cela aurait très probablement été vrai, mais pas plus marqué chez lui que chez la généralité des Anglo-Saxons et des races du Nord, qui méprisent plutôt les Latins, leur attribuant à peine du crédit pour leur élan et leur courage splendides - sans parler de leur cerveaux. J'ai vécu dans de nombreux pays et j'ai toujours pensé qu'en tant que peuple, je veux dire la masse inculte, les Français sont la nation la plus intelligente du monde. Je n'ai jamais été confronté aux Japonais : on me dit qu'ils sont extraordinairement intelligents.

Un soir, nous avons dîné pour M. Gladstone, sa femme et une fille. M. Gladstone se montrait tout à fait charmant, parlait assez bien français et en savait plus sur tous les sujets discutés que quiconque dans la pièce. C'était certainement un homme merveilleux, avec une polyvalence si extraordinaire et une telle mémoire. C'était plutôt joli de voir Mme Gladstone pendant que son mari parlait. Elle était très absorbée par lui et ne pouvait pas parler à ses voisins. Ils avaient très envie d'aller à la Conciergerie voir la prison où la malheureuse Marie-Antoinette passa les derniers jours de sa malheureuse vie, et M. Gladstone, inspiré par le sujet, nous fit une sorte de conférence sur la Révolution française et ses causes. qui y a conduit, culminant avec la Terreur et l'exécution du Roi et de la Reine. Il parlait en anglais (nous étions un petit groupe debout à la porte – ils venaient juste de partir), dans un beau langage académique, et c'était très intéressant, graphique et exact. Même W., qui le connaissait bien et l'admirait énormément, fut frappé par sa brillante improvisation.

[Illustration : William E. Gladstone. D'après une photographie de Samuel A. Walker, Londres.]

Nos amis anglais et américains nous demandaient souvent des permis pour visiter tous les lieux d'intérêt historique de Paris, et les deux lieux que tous voulaient voir étaient la Conciergerie et le tombeau de Napoléon aux Invalides. Lorsque nous sommes arrivés à Paris en 1866, juste après la fin de la longue lutte entre le Nord et le Sud de l'Amérique, nos premières visites furent également à la Conciergerie, aux Invalides et à Notre-Dame, où mon père n'était pas venu depuis son départ. comme un tout jeune homme avec tout Paris pour voir les drapeaux qu'on avait rapportés d'Austerlitz. C'étaient des journées intéressantes, ces premières à Paris, si pleines de souvenirs pour mon père, qui y avait beaucoup vécu dans sa jeunesse, d'abord comme élève à l'Ecole Polytechnique, puis lorsque les Alliés étaient à Paris. Il nous emmena un jour au jardin du Luxembourg, pour voir s'il pouvait retrouver une trace de l'endroit où, en 1815, sous la Restauration, le maréchal Ney avait été fusillé. Il se trouvait alors à Paris et se trouvait dans le jardin quelques heures après l'exécution - il se souvenait très bien du mur contre lequel se tenait le maréchal - et des commentaires de la foule, peu flatteurs pour le gouvernement en exécutant l'un des plus courageux de France. et des soldats les plus brillants.

Tous les Américains qui venaient nous voir au Quai d'Orsay s'intéressaient beaucoup à tout ce qui concernait le général marquis de Lafayette, qui a laissé un souvenir impérissable en Amérique, et de nombreux pèlerinages ont été effectués au château de la Grange, où le marquis de Lafayette passa les dernières années de sa vie et offrit une grande et gracieuse hospitalité à tous ses amis. C'est un lieu ancien intéressant, entouré de douves tout autour et de hauts et solides murs en pierre, où l'on voit encore le trou qui fut fait dans le mur par un boulet de canon envoyé par le Maréchal de Turenne alors qu'il passait avec ses troupes, ainsi que un souvenir amical pour le propriétaire, avec qui il n'était pas en bons termes. Tant d'Américains et d'Anglais aussi sont imprégnés de l'idée qu'il n'y a pas de châteaux, pas de vie à la campagne en France, que je me réjouis quand ils voient qu'il y en a autant que dans n'importe quel autre pays. Un écrivain américain très intelligent, dont les livres ont été beaucoup lus et admirés, dit que lors de ses voyages en France à la campagne, il n'a jamais vu aucun signe de richesse ou de propriété de gentleman. Je pense qu'il ne voulait rien admirer de français, mais je me demande dans quelle partie de la France il a voyagé. Outre les célèbres châteaux historiques de Chaumont, Chenonceaux, Azay-le-Rideau, Maintenon, Dampierre, Josselin, Valençay et bien d'autres, il existe quantité de petits châteaux et manoirs Louis XV, à moitié cachés dans un coin de forêt. , que l'étranger ne voit jamais. Elles sont tout à fait charmantes, construites en briques rouges avec des margelles blanches, avec des jardins rigides à l'ancienne et des arbres taillés en toutes sortes de formes fantastiques. Parfois l'église paroissiale touche le château d'un côté, et il y a une entrée privée pour les seigneurs. L'aménagement intérieur de certaines des plus anciennes laisse beaucoup à désirer en termes de confort et d'améliorations modernes : éclairage très mauvais, ni gaz ni électricité, et je crois qu'il n'y a pas de bains nulle part, à peine une baignoire. Sur les bords de la Seine et de la Loire, près des grandes forêts, dans tous les départements voisins de Paris, il y a quantité de châteaux, quelques-uns juste au bord de la grande route, séparés d'elle par de hautes portes de fer, à travers lesquelles on voit de longues tortueuses. des allées avec des bancs de pierre et des vases plantés de géraniums rouges, un cadran solaire et des rangées d'arbres rigides et formels, certains moins prétentieux avec un simple portail en bois, généralement ouverts, et toujours des fleurs des plus simples, des géraniums, des tournesols, des roses. , des dahlias et des chrysanthèmes — ce qu'on appelle un jardin de curé — mais en grande abondance. À de très rares exceptions près, les pelouses ne sont pas bien entretenues : on ne voit jamais dans ce pays le gazon vert et lisse qu'on voit en Angleterre.

Certains vieux châteaux sont très majestueux : tantôt on y entre par un grand quadrilatère, tout entouré d'arcades basses couvertes de lierre, une fontaine et un bassin de bonne dimension au milieu de la cour, et une grande horloge au-dessus de la porte, tantôt ils sont très majestueux. debout dans un fossé, on traverse un pont-levis avec des portes massives, parsemées de clous de fer et de solides boulons et chaînes en fer qui défendent l'entrée, faisant penser aux temps féodaux d'antan, quand le plus fort était juste, et si un homme voulait la propriété de son voisin. , il l'a simplement pris. Même certains des plus petits châteaux ont des douves. Je les trouve plus pittoresques que confortables : une maison couverte de lierre, entourée de douves, est un nid de moustiques et d'insectes de toutes sortes, et j'imagine que l'humidité de l'eau doit finir par envahir la maison. Les Français de toutes classes aiment la campagne et un jardin aux fleurs éclatantes, et si les plus pauvres peuvent combiner un clapier à lapins avec les fleurs, ils sont très heureux.

J'ai entendu W. parler parfois d'un beau vieux château de notre département (Aisne) appartenant à un député, qui invitait ses amis à tirer et à déjeuner. La cuisine et le tournage étaient excellents, mais les hébergements fantastiques. Les voisins affirment que rien n'a été rénové ni nettoyé depuis l'occupation du château par les cosaques sous Napoléon Ier.

Nous avons eu très peu de vie à la campagne pendant ces années au ministère des Affaires étrangères. Deux fois par an, en avril et en août, W. se rendait à Laon pour son Conseil général qu'il présidait, mais il pouvait rarement y rester pendant toute la session. Il était toujours présent le jour de l'ouverture ainsi qu'au dîner du préfet et a profité de cette occasion pour prononcer un bref discours expliquant la politique étrangère du Gouvernement. Je ne pense pas que cela intéressait autant ses collègues que toutes les questions locales – routes, écoles, etc. France. Nous avions plutôt besoin d'un petit virage étroit pour arriver à notre porte de Bourneville, et W. voulait que la route soit un peu élargie, afin d'éviter l'angle aigu. Cela ne gêna personne, car nous étions à plusieurs mètres de la grande route, mais il fallut des mois, plus d'un an, avant que l'affaire soit terminée. N'importe lequel des ouvriers de la ferme l'aurait terminé en une journée de travail.

Lors d'un de nos petits dîners, j'ai eu une réponse si caractéristique de la part d'un diplomate anglais, qui avait été ambassadeur à Saint-Pétersbourg. C'était vraiment un beau parleur, mais il ne parlait pas français. Cela n'avait aucune importance tant qu'il ne parlait qu'à moi, mais naturellement tous les gens autour de la table voulaient lui parler, et quand la conversation générale languissait, je finis par lui dire : « J'aimerais que tu parles français. ; aucun de ces messieurs ne parle une autre langue. (C'était tout à fait vrai, les hommes de l'âge de mon mari parlaient très rarement une autre langue que la leur ; maintenant presque toute la jeune génération parle allemand ou anglais ou les deux. Presque tous les amis de mon fils parlent parfaitement anglais.) " Oh non, je je ne peux pas," dit-il; "Je n'ai pas assez l'habitude de parler français. Je ne dis pas les choses que j'ai envie de dire, seulement les choses que je peux dire, ce qui est très différent." "Mais qu'as-tu fait en Russie ?" "Toutes les femmes parlent anglais." "Mais pour les affaires, les négociations diplomatiques ?" "Toutes les femmes parlent anglais." J'ai souvent entendu dire que les femmes russes étaient beaucoup plus intelligentes que les hommes. Il avait visiblement trouvé cela vrai.

VI

L'ANNÉE D'EXPOSITION

Les grands dîners politiques étaient toujours intéressants. Une fois, nous avons organisé un banquet le 2 décembre. Mon voisin de gauche, sénateur, m'a dit avec désinvolture : « Cette pièce est très différente de ce qu'elle était la dernière fois que j'y étais. "Vraiment ? J'aurais pensé qu'un grand dîner officiel au ministère des Affaires étrangères aurait été exactement la même chose sous n'importe quel régime." " Un dîner peut-être, mais à cette occasion, nous ne dînions pas précisément. Moi et plusieurs de mes amis venions d'être arrêtés, et nous attendions ici, dans cette pièce strictement gardée, jusqu'à ce qu'on décide ce qu'il faudrait faire de nous. " Puis je me suis souvenu que c'était le 2 décembre, jour anniversaire du coup d'État de Louis Napoléon. Il a déclaré qu'ils n'étaient absolument pas préparés à cela, malgré les avertissements. Il a été envoyé hors du pays pendant un certain temps, mais je ne pense pas que son exil ait été très terrible.

J'ai reçu ma première leçon de politesse diplomatique auprès de Lord Lyons, alors ambassadeur britannique à Paris. Il était à Paris pendant la guerre franco-allemande, connaissait tout le monde et occupait une excellente position. Il donnait de très beaux dîners, aimait que ses invités fussent ponctuels, était très ponctuel lui-même, arrivait toujours pile huit heures lorsqu'il dînait avec nous. Nous avions eu une mission annamite pour dîner un soir et avions invité presque tous les ambassadeurs et ministres à les rencontrer. Il y avait eu une séance orageuse à la Chambre et W. était en retard. Dès que j'étais prêt, je suis allé dans sa bibliothèque et je l'ai attendu ; Je ne pourrais pas descendre et recevoir une mission étrangère sans lui. Nous étions en retard de sept ou huit minutes et trouvions toute la compagnie rassemblée (sauf les Annamites, qui attendaient avec leur interprète dans une autre salle pour faire leur entrée en bonne et due forme). Alors que je serrais la main de Lord Lyons (qui était doyen du corps diplomatique), il me dit : « Ah, Madame Waddington, je vois que la République devient très royale ; vous ne recevez plus vos invités, vous entrez simplement dans la salle. salle lorsque toute la compagnie est rassemblée. Il l'a dit en souriant, mais j'ai très bien compris, et bien sûr, nous aurions dû être là lorsque les premiers invités sont arrivés. Il était tout de même très aimable et me dit beaucoup de choses utiles, par exemple que je ne devais jamais inviter ensemble un cardinal et un ambassadeur, car aucun d'eux ne céderait la préséance et je me trouverais dans une position très embarrassante.

[Illustration : Seigneur Lyons.]

Les Annamites étaient quelque chose d'horrible à voir. Dans leur pays, tous les hommes d'un certain rang noircissent leurs dents, et je suppose que la teinture leur fait tomber les dents, car apparemment ils n'en avaient pas, et quand ils ouvraient la bouche, les cavernes noires qu'on voyait étaient effrayantes. J'avais été prévenu, mais cela me fit néanmoins une impression des plus désagréables. Ils étaient très richement vêtus, particulièrement les trois premiers, qui étaient de très grands seigneurs en Annam, robes de soie lourdement brodées, plumes et bijoux, et lorsqu'ils n'ouvraient pas la bouche, ils formaient plutôt un groupe décoratif, étaient grands, des hommes puissamment bâtis. Ils ne connaissaient ni le français ni l'anglais et parlaient par l'intermédiaire de l'interprète. Mes relations avec eux étaient très limitées. Ils n'étaient pas près de moi au dîner, mais ensuite j'ai essayé de leur parler un peu. Ils se tenaient tous en groupe à une extrémité de la salle, flanqués d'un interprète, les trois principaux chefs bien en face. Je ne sais pas ce que leur a dit l'interprète, probablement agrémenté de fleurs de rhétorique mes propos très banals, mais ils étaient très souriants, ouvrant grand leur bouche noire et me faisant des salutations très basses - ils ont évidemment apprécié mon intention et mes efforts pour soyez aimable.

Ils nous apportèrent des cadeaux, des tapis, des boîtes en nacre sculptée et incrustée, des armoires et quelques curieuses selles, ainsi que des coussins et des pantoufles brodés d'or. Quelques chevaux arabes furent annoncés en grande pompe depuis les écuries du sultan. Ils m'intéressaient plutôt, je pensais que ce serait amusant de conduire un poney arabe à longue queue dans une petite charrette le matin. On les conduisit un matin au quai d'Orsay, et W. donna rendez-vous au comte de Pontécoulant et à quelques chasseurs du cabinet, dans la cour. Il y avait aussi plusieurs hommes d'écurie, tous très intéressés par l'idée d'apprivoiser les fougueux coursiers du désert. Le premier regard était décevant. C'étaient des animaux maigres et décharnés, apparemment dépourvus de pattes et de crinière. Ils avaient de longues queues et de petites têtes, mais on pouvait difficilement imaginer quelque chose d'aussi docile et lent dans leurs mouvements. On pouvait à peine les faire galoper dans la cour. Nous étions tous un peu dégoûtés, car on voit parfois de jolis petits chevaux arabes à Paris. Je ne sais pas ce qu'ils sont devenus ; Je crois qu'ils ont été envoyés aux écuries de cavalerie.

Notre première grande cérémonie cet hiver-là fut la messe à la Madeleine pour le roi d'Italie, Victor Emmanuel, décédé subitement au début de janvier 1878. La France envoya aux funérailles une mission spéciale : le vieux maréchal Canrobert, qui emmena avec lui le fils du maréchal, Fabrice de MacMahon. L'église de la Madeleine était remplie de gens de toutes sortes : le corps diplomatique en uniforme, une très large représentation de sénateurs et de députés. Il y avait une légère hésitation chez une partie de la gauche, ardente sympathisante de la jeune Italie, mais qui ne se souciait pas de se compromettre en participant à une cérémonie religieuse. Cependant, en règle générale, ils y allaient. Certaines dames de droite étaient plutôt contrariées de devoir se rendre à l'office en deuil profond. J'ai dit à l'une d'elles : "Mais vous n'avez pas raison, vous avez une robe noire certes, mais je ne pense pas que des gants gris perle soient appropriés pour une telle occasion." "Oh, ils expriment assez bien le chagrin que je ressens à cette occasion."

Il était curieux que le roi ait précédé le vieux pape, en échec depuis quelque temps. Chaque jour, nous nous attendions à entendre parler de sa mort. On spécula beaucoup sur le nouveau roi d'Italie, le prince Humbert d'aujourd'hui. Comme nous avions vécu de nombreuses années à Rome, on me demandait souvent comment il était, mais je n'avais vraiment pas d'opinion. On le voyait très peu. Je me souviens qu'un jour, sur le terrain de chasse, il fit une vilaine chute. Son cheval a mis le pied dans un trou et est tombé avec lui. Cela ressemblait à un grave accident, comme si le cheval allait se retourner sur lui. J'étais à proximité avec un de mes amis et, voyant un accident (je ne savais pas de qui il s'agissait), je me suis naturellement arrêté pour voir si notre palefrenier pouvait faire quelque chose, mais un officier est arrivé précipitamment et nous a supplié de continuer, ce le prince serait très ennuyé si quelqu'un, surtout une femme, s'apercevait de sa chute. Je l'ai revu plus tard dans la journée, en pleine forme sur un autre cheval, et personne n'a fait aucune allusion à l'accident.

Environ un mois après la mort de Victor Emmanuel, le vieux pape mourut, le 8 février 1878, tout à coup à la fin. Il fut bien sûr enterré à Rome, et il fut très difficile d'organiser ses funérailles dans la Rome du roi d'Italie. Cependant, il reposait en grande pompe à Saint-Pierre, la noble garde en uniformes splendides se tenant serrée autour du catafalque, de longues files de soldats italiens, les bersaglieri avec leurs plumes ondulantes, de chaque côté de la grande nef. Il y eut pour lui un service magnifique à Notre-Dame. Les Chambres élevèrent leur séance en marque de respect envers le chef de l'Église, et de nouveau il y eut une grande assistance à la cathédrale. Il y eut de nombreuses discussions dans le monde (mondial non officiel) « sur la question de savoir s'il fallait porter le deuil du Saint Père ». Je crois qu'il convient de ne pas porter le deuil, mais presque toutes les dames du faubourg Saint-Germain se sont promenées en vêtements noirs pendant quelque temps. Un de mes amis l'a exprimé de manière assez graphique : « Si on a un ruban rose dans les cheveux on a tout de suite l'air d'être la maîtresse de Rochefort ».

Toute l'Europe était préoccupée par la question du successeur du pape. Les intrigues et les tensions sous-jacentes se déroulaient à Rome et l'issue du conclave était attendue avec impatience. Personne ne pouvait prédire le résultat. L'élection du cardinal Pecci, futur Léon XIII, semble satisfaisante, du moins au début.

Mon hiver s'est passé assez agréablement ; J'ai commencé à me sentir plus à l'aise dans mes nouveaux quartiers et j'ai vu beaucoup de gens intéressants de toutes sortes. De temps en temps, il y avait un débat très animé au Parlement. W. rentrait très tard en disant que les choses ne pouvaient pas continuer ainsi et que nous serions sûrement absents du bureau dans quelques semaines. Nous avons toujours gardé notre maison rue Dumont d'Urville, et j'y allais chaque semaine, pensant souvent que dans quelques jours nous y retournerions.

L'une de mes grandes épreuves était une journée de réception. W. pensait que je devrais en avoir un, alors tous les vendredis j'étais à la maison de trois à six heures, et les après-midi étaient très longs. J'ai insisté pour avoir une table à thé, ce qui était une nouveauté à l'époque, mais elle brisait le demi-cercle raide de fauteuils rouges et or soigneusement disposés à une extrémité de la pièce. Très peu d'hommes prenaient du thé. Il était assez amusant de voir certains députés qui n'aimaient pas vraiment refuser une tasse de thé que leur offrait la femme du ministre, tenant avec le plus grand soin la tasse et la soucoupe dans leurs mains, faisant semblant de siroter le thé et de remplacer il s'est empressé de le mettre sur la table dès que cela a été possible. J'avais bien sûr beaucoup de gens de nationalités différentes, qui ne se connaissaient généralement pas. Les ambassadrices et les femmes de ministres étaient assises de chaque côté de mon canapé, les plus petites en bas. Ils furent tous annoncés, mon huissier, Gérard, le faisant très bien, ouvrant les grandes portes et hurlant les noms. Parfois, à la fin de la journée, quelques-uns de mes propres amis ou des jeunes gens de la chancellerie entraient, et cela me remontait un peu le moral. Il n'y a pas eu de conversation, juste un échange de phrases formelles, mais j'ai vécu des expériences amusantes.

J'ai eu un jour plusieurs dames que je ne connaissais pas du tout, épouses de députés ou petites fonctionnaires de certains ministères. Une de mes amies, la comtesse de B., partait pour la première fois pour l'Italie et Rome. Elle était venue me poser toutes sortes de questions sur les vêtements, les hôtels, les gens à voir, etc. Lorsqu'elle s'éloigna dans un tourbillon de préparatifs et d'adresses, je me tournai vers une de mes voisines en lui disant : "Je crois qu'on est très bien à l'Hôtel de Londres à Rome", remarque tout à fait insignifiante et inoffensive - juste pour dire quelque chose. Elle répondit avec hauteur : « Je n'en sais rien, Madame ; je n'ai jamais quitté Paris et je m'en vante. J'étais tellement étonné que je n'avais rien à dire, mais je regrettai ensuite de ne pas avoir continué la conversation et lui demandai pourquoi elle était si fière de n'avoir jamais quitté Paris. Voyager est généralement censé élargir ses idées. Sa réponse aurait pu être intéressante. W. ne voulait pas le croire quand je le lui disais, mais j'ai dit que je n'aurais pas vraiment pu l'inventer. J'allais toujours dans son cabinet à la fin de la journée, quand il était seul avec Pontécoulant, et je leur racontais toutes mes expériences que

W. m'interdisait de raconter ailleurs. J'ai eu bien des surprises, mais j'ai vite appris à ne jamais m'étonner et à tout prendre comme une évidence.

Le grand intérêt de l'été fut l'Exposition Universelle qui devait avoir lieu au Trocadéro, le nouveau bâtiment construit sur le Champ de Mars. L'ouverture était annoncée pour le 1er mai et devait être célébrée en grande pompe par le maréchal. Toute l'Europe était représentée, à l'exception de l'Allemagne, et presque toutes les grandes puissances envoyaient des princes pour représenter leur pays. Nous sommes allés souvent voir comment avançaient les travaux, et je dois dire qu'il ne semblait pas que cela puisse être prêt pour le 1er mai. Il y avait des armées d'ouvriers dans toutes les directions et des charrettes et des camions chargés de caisses se frayaient un chemin péniblement dans la boue. Parfois, une caisse ou un ballot léger tombait, et des quantités de petits garçons qui semblaient toujours sur place se précipitaient, se renversant pour ramasser ce qui tombait, et il y avait des protestations et des explications dans toutes les langues du monde. C'était une foule hétéroclite et pittoresque – les costumes et les uniformes faisaient tellement de couleur au milieu des vêtements sombres très ordinaires que porte le monde occidental civilisé. J'avais pitié des Orientaux et des gens des climats plus doux, ils avaient l'air si misérablement froids et misérables, grelottant sous les brises très fraîches d'avril qui balayaient la grande plaine du Champ de Mars. Les machines, notamment américaines, ont attiré une grande attention. Il y avait toujours une foule qui attendait lorsque certaines des grosses pièces étaient ramenées à leur place par d'énormes poulies.

La cérémonie d'ouverture a été très brillante. Heureusement, il faisait une belle journée chaude puisque tous les invités invités par le maréchal et le Gouvernement étaient assis sur une estrade à l'extérieur du bâtiment du Trocadéro. Tous les corps diplomatiques, les royautés étrangères et les commissaires des différentes nations qui participaient à l'exposition étaient invités. La vue était magnifique alors que nous baissions les yeux depuis nos sièges. La grande enceinte était pleine de monde. Tous les pavillons avaient l'air très gais avec leurs murs et leurs tourelles aux couleurs vives, et il y avait des drapeaux, des palmiers, des fleurs et des fontaines partout, la Seine traversant le milieu avec des ponts et des bateaux fantaisistes. Il y avait un curieux attroupement de monde dans les tribunes. Les invitations n'avaient pas été très faciles à faire. Il y avait trois souverains espagnols, la reine Isabelle, son époux, Don François d'Assises, et le duc d'Aoste (le roi Amadée), qui avait régné quelques mois orageux en Espagne. Il était venu représenter l'Italie à l'exposition. Le maréchal était plutôt préoccupé par ses redevances espagnoles. Il eut le soir une réception à laquelle tout le monde était invité, et crut devoir prendre certaines précautions ; il envoya donc un de ses aides de camp auprès de la reine Isabelle pour lui dire qu'il espérait avoir l'honneur de voir le soir à l'Elysée, mais il crut devoir lui dire qu'elle pourrait peut-être avoir des rencontres désagréables. Elle répondit : « Si c'est mon mari de qui vous parlez, cela m'est tout à fait égal ; si c'est le duc d'Aoste, je serai ravie de le voir.

Elle est venue à la réception, mais son mari était déjà parti. Le duc d'Aoste était toujours là, et elle s'avança droit vers lui et l'embrassa sur les deux joues, ce qui n'était pas chose facile, car le duc n'était pas du tout le genre d'homme à femmes gai, bien au contraire. Il avait l'air d'un soldat (comme tous les princes de la maison de Savoie) et en même temps d'un moine. On pourrait facilement l'imaginer croisé en casque à plumes et en cuirasse, supportant sans murmure toutes les privations et toutes les fatigues. Il était très timide (on voyait que c'était un effort pour lui chaque fois qu'on l'approchait et qu'il devait faire des phrases polies), pas du tout mondain, mais simple, charmant quand on lui parlait.

Je l'ai souvent revu par la suite, alors qu'il représentait son frère, le roi Humbert, à diverses occasions officielles où j'étais présent moi aussi : le couronnement de l'empereur Alexandre de Russie, le jubilé de la reine Victoria. Il a toujours été un personnage marquant, il ne semblait pas du tout appartenir à notre monde moderne. Le maréchal eut une série de dîners et de réceptions des plus brillantes. Il y avait presque toujours de la musique ou du théâtre, avec les meilleurs artistes de Paris. La Comédie Française a été très appréciée. Leur style est tellement fini et sûr. Ils jouaient aussi bien au fond d'un salon, avec une rampe de fleurs qui ne les séparait du public, que dans leur propre théâtre, avec tout le concours du décor, de l'acoustique et de la distance. Dans un salon, naturellement, le public est beaucoup plus proche.

Je me souviens d'une charmante soirée à l'Elysée pour le prince héritier d'Autriche, le malheureux archiduc Rodolphe. Toutes les vedettes du Théâtre Français jouaient : Croizette, Reichemberg, Delaunay, Coquelin. Le prince semblait s'amuser. Il était très beau, avec une silhouette fine et élégante et un sourire charmant – il ne ressemblait pas à un homme dont la vie allait se terminer si tragiquement. Quand je le revis quelques années plus tard à Londres, il était changé, paraissait plus âgé, avait perdu sa gaieté, s'ennuyait visiblement des réceptions officielles et avait l'habitude d'échapper à tous les dîners et réceptions dès qu'il le pouvait.

Le regretté roi Édouard (alors prince de Galles) a toujours gagné des opinions en or. Il y avait certainement quelque chose dans sa personnalité qui exerçait un énorme attrait sur les Parisiens. Il semblait toujours profiter de la vie, ne semblait jamais s'ennuyer, était d'une courtoisie sans faille et s'intéressait aux gens à qui il parlait. C'était une joie pour les Français de le voir dans quelques petits théâtres, s'amusant et comprenant tout aussi bien qu'eux tous les sous-entendus et l'argot. Il semblerait presque que ce que quelqu'un a dit soit vrai, qu'il leur rappelle leur bien-aimé Henri IV, qui vit toujours au cœur de la nation.

Son beau-frère, le prince de Danemark, était également très aimable. Nous le rencontrions souvent se promenant dans les rues avec un ou deux de ses messieurs et regardant par les fenêtres comme un provincial ordinaire. Il était grand, avec une silhouette légère et jeune, et était toujours reconnu. C'était une grande satisfaction et une grande fierté pour les Parisiens de compter à nouveau parmi eux autant de personnalités royales et de personnalités distinguées.

Ces deux mois de mai et juin rendirent à Paris l'animation et la gaieté des derniers jours de l'Empire. Il y avait beaucoup de belles voitures sur les Champs-Elysées, remplies de jolies femmes bien habillées, et l'Opéra et tous les théâtres étaient bondés. Paris était illuminé le soir de l' ouverture de l'exposition, toute la ville, et pas seulement les Champs-Elysées et les boulevards. Alors que nous traversions le pont en revenant de la réception à l'Elysée, c'était un spectacle magnifique : les rues pleines de gens attendant de voir passer les redevances étrangères, et la vue de haut en bas de la Seine, avec les lumières de l'église. de hauts bâtiments se reflètent dans l'eau, comme un pays féerique.

[Illustration : Son Altesse Royale Edward, prince de Galles, en 1876. D'après une photographie de Lock & Whitfield, Londres.]

Les dîners et réceptions à l'Elysée et dans tous les ministères ces premières semaines de l'exposition furent intéressants mais tellement fatigants. Heureusement, il n'y avait pas beaucoup de déjeuners ni d'animations pendant la journée. J'avais l'habitude de faire un bon trajet tous les après-midi en calèche découverte avec ma mère et mon bébé, et cela me maintenait en vie. De temps en temps (pas souvent) W. dînait entre hommes, et puis je pouvais aller avec quelques-uns de mes amis dîner à l'exposition, ce qui était très amusant, avec une collection de gens si curieux. La rue des Nations ressemblait à une foire gigantesque. Nous avons rencontré tous nos amis et entendu toutes les langues sous le soleil. Parmi d'autres invités étrangers de marque, nous avions cette année-là le Président et Mme Grant, qui furent reçus partout en Europe (l'Angleterre par exemple) comme des redevances. Lorsqu'ils dînèrent avec nous au quai d'Orsay, W. et moi montâmes en haut du grand escalier pour les rencontrer, exactement comme nous l'avions fait pour le prince et la princesse de Galles.

Cela me semble drôle quand je pense à la manière très sans cérémonie avec laquelle non seulement les anciens présidents mais aussi les présidents actuels ont été traités en Amérique lorsque j'étais enfant. Je me souviens très bien avoir vu un président (j'ai oublié lequel maintenant) entrer dans le grand salon du vieux Cozzen's Hotel à West Point, accompagné de deux ou trois messieurs. Il y avait un certain nombre de personnes dans la pièce et personne ne bougeait ni ne songeait à se lever. Cependant, les Grants étaient très simples : ils acceptaient tous les honneurs qui leur étaient accordés sans aucune pose d'aucune sorte. Le maréchal leur a offert un grand dîner à l'Elysée. Nous sommes arrivés un peu en retard (nous le faisions toujours) et avons trouvé une grande fête rassemblée. Les subventions sont arrivées juste après nous.

La Maréchale me dit : « L'ambassadeur de Chine vous emmènera dîner, Madame Waddington. C'est un homme intéressant, intelligent, il connaît bien l'Angleterre et les Anglais, parle remarquablement bien l'anglais. Juste avant l'annonce du dîner, l'ambassadeur m'a été amené. C'était un homme d'apparence frappante, grand, large d'épaules, digne, très magnifiquement vêtu de satin bleu clair, brodé de fleurs aux couleurs vives et de motifs d'or et d'argent, et un splendide oiseau de paradis jaune dans sa casquette. Il ne s'est pas tout à fait approché de moi, m'a fait un salut bas à une certaine distance, puis est retombé dans un groupe de satellites plus petits, tous très magnifiquement habillés. Lorsque le dîner fut annoncé, les premiers couples partirent : le maréchal avec Mme Grant et la Maréchale avec le président Grant et W. avec sa dame. Il y eut une pause ; J'aurais dû y aller ensuite, mais mon ambassadeur n'était pas disponible. J'ai regardé et je me suis demandé. Tous les aides de camp me faisaient des signes frénétiques de continuer, et tout le cortège était arrêté. Je ne savais vraiment pas quoi faire — je me sentais plutôt stupide. Bientôt l'ambassadeur apparut ; il ne m'offrit pas son bras, mais me fit de nouveau un profond salut, que je lui rendis et fis quelques pas en avant. Il s'avança également et nous avançâmes majestueusement jusqu'à la salle à manger, côte à côte. J'ai entendu ensuite l'explication. Il semblait qu'à cette époque (les choses ont changé *maintenant* , je crois), aucun Chinois de haut rang ne toucherait une femme qui ne lui appartenait pas, et l'ambassadeur se serait cru déshonoré (ainsi que moi) s'il m'avait offert son bras. Le dîner était tout sauf banal.

Quand nous sommes finalement arrivés à table, je me suis retrouvé à la gauche du maréchal : Mme. Grant était à sa droite. Le maréchal ne parlait ni ne comprenait l'anglais. Mme Grant ne parlait pas français, la conversation ne semblait donc pas très animée. Après quelques instants, Mme Grant souhaita naturellement dire quelque chose à son hôte et elle s'adressa à lui en anglais. " Monsieur le Président, je suis si heureux d'être dans votre beau pays ", puis le maréchal me dit : " Madame Waddington je vous en prie, dites à Madame Grant que je ne puis pas répondre ; je ne comprends pas l'anglais ; je ne puis pas parler avec elle." "Madame Grant, le maréchal me supplie de vous dire qu'il regrette de ne pouvoir vous parler, mais malheureusement il ne comprend pas l'anglais." Puis il y eut une pause et Mme Grant reprit : « Quel beau palais, Monsieur le Président. Il doit être délicieux avec ce charmant jardin. Encore le maréchal à moi : « Mais je vous en prie Madame, dites à Madame Grant que je ne puis pas causer avec elle. Il ne faut pas qu'elle me parle, je ne comprends pas. "Mme Grant, le maréchal est désolé de ne pas pouvoir vous parler, mais il ne comprend *vraiment aucun anglais."* C'était très éprouvant pour Mme Grant. Heureusement, son autre voisin connaissait un peu l'anglais et elle pouvait lui parler, mais tout au long du dîner, de temps en temps, elle recommençait chez le maréchal.

Après quelques instants, j'ai tourné mon attention vers mon ambassadeur. Je l'avais regardé furtivement pendant que j'interprétais pour le maréchal et Mme Grant. J'ai vu qu'il *prenait* tout ce qu'on lui proposait - plats, vins, sauces - mais il n'attaquait jamais rien sans attendre de voir ce que faisaient ses voisins, quand et comment ils utilisaient leurs couteaux et fourchettes, - puis faisait exactement comme eux, ... je n'ai jamais commis d'erreur. Je vis qu'il regardait les fleurs sur la table, qui étaient très bien disposées, alors je lui dis, en parlant très lentement et distinctement, comme on le fait à un enfant ou à un sourd : "Avez-vous de jolies fleurs dans votre pays ? " Il répondit aussitôt : « Oui, oui, très chaud, très froid, très chaud, très froid. J'étais un peu déconcerté, mais je pensais avoir peut-être parlé indistinctement, et au bout d'un moment je fis une autre tentative : « Combien les uniformes ajoutent à l'éclat de la fête, et le costume chinois est particulièrement frappant et beau », mais pour qu'il m'a fait une réponse si parfaitement inintelligible que je me suis abstenu de toute conversation ultérieure et que je lui ai simplement souri de temps en temps, ce qu'il a toujours reconnu avec un petit salut.

Nous retournâmes dans les salons de la même manière, côte à côte, et lorsque les hommes furent entrés dans une des autres pièces pour causer et fumer, j'allai parler à la Maréchale, qui me dit : « Je suis sûr que vous J'ai eu un délicieux dîner, Madame Waddington. L'ambassadeur de Chine est un homme si intelligent, a beaucoup voyagé et parle un anglais si merveilleux. " C'est merveilleux, madame la Maréchale ", puis je répétai notre conversation, à laquelle elle avait peine à croire et qui l'amusait beaucoup. Elle parlait anglais aussi bien que moi.

Les Grant se sont beaucoup amusés pendant leur séjour à Paris et nous les avons rencontrés presque tous les soirs. W. aimait beaucoup le général et le trouvait assez bavard lorsqu'il était seul avec lui. Lors des grands dîners, il était bien entendu désavantagé, ne parlant ni ne comprenant un mot de français. W. faisait office d'interprète et trouvait cela très fatiguant. Il y a tellement de répartie et de sous-entendu dans toute conversation française que même les étrangers qui connaissent bien la langue ont parfois du mal à tout suivre, et traduire assez vite pour se tenir au courant est presque impossible. Quand ils le pouvaient, ils se tournaient vers l'anglais, et W. disait qu'il était très intéressant : il parlait de la guerre et de tout ce que le Nord avait fait, sans jamais se mettre en avant.

Nous devions souvent faire office d'interprètes tous les deux auprès des Français et des Anglo-Saxons, aucun des deux ne comprenant la langue de l'autre, et c'était toujours difficile. Je me souviens d'un dîner à Sandringham, il y a quelques années, lorsque W. était à l'ambassade. Le prince de Galles (feu le roi Édouard) m'a demandé de m'asseoir à côté d'un ambassadeur étranger qui ne comprenait pas un mot d'anglais. Le dîner était exclusivement anglais – un grand nombre d'hommes intelligents – le maître du Trinity College de Cambridge (demandé spécialement à rencontrer mon mari, diplômé du Trinity College), Lord Goschen, James Knowles du *XIXe siècle* , Froude, l'historien, Sir Henry James, Lord Wolseley, etc. La conversation fut très animée, très spirituelle. Il y eut des éclats de rire tout autour de la table. Mon ambassadeur était très agité et nerveux, faisant constamment appel à moi, mais au moment où j'avais laborieusement condensé et traduit certaines remarques, ils parlaient de quelque chose de tout à fait différent, et je crains qu'il n'ait eu des idées très floues sur ce que disaient-ils tous.

Nous avons vu, bien entendu, tous les étrangers distingués qui sont passés par Paris en cette année 1878. Beaucoup de nos collègues du corps diplomatique ont joué un grand rôle dans leur propre pays. Le prince Orloff, ambassadeur de Russie, était l'un de nos grands amis. Il nous a donné de très bons conseils à une ou deux reprises. C'était un homme d'apparence distinguée – il portait toujours un bandeau noir sur un œil – il avait été blessé en Crimée. Il parlait anglais aussi bien que moi et était un charmant parleur. Le général Cialdini était à l'ambassade d'Italie. Il était plus un soldat qu'un homme d'État ; il avait contribué avec beaucoup de succès à la formation de « l'Italie unie » et à la suppression du pouvoir temporel du pape, et n'était naturellement pas exactement persona grata pour les catholiques de France. Le prince et la princesse Hohenlohe avaient succédé à Arnim à l'ambassade d'Allemagne. Leurs débuts furent difficiles, car leur prédécesseur n'avait rien fait pour rendre les Allemands populaires en France, mais leur forte personnalité, leur tact et leur compréhension d'une situation très délicate les aidèrent énormément. C'étaient des catholiques (la princesse née russe, son frère, le prince Wittgenstein, attaché militaire à l'ambassade de Russie) et des gens très importants dans leur propre pays, si sûrs d'eux-mêmes et de leur position qu'il était très difficile de les mépriser en aucun cas. chemin. Ils ne s'en seraient jamais rendu compte s'ils n'avaient fait preuve d'une grossièreté extraordinaire. La princesse était très belle, grande, avec une belle taille et de splendides bijoux. Lorsqu'elle était en grande tenue pour un bal ou une réception officielle, elle portait trois colliers superposés et un grand et beau diadème haut, qui ajoutait à sa taille. Elle fut la seule dame du corps diplomatique que Madame Grévy ait jamais reconnue dans les premières semaines de la présidence de son mari. Madame Grévy fut jetée tout d'un coup, pas très jeune, dans un milieu si absolument nouveau, qu'elle en fut toute déconcertée et qu'on ne pouvait pas lui demander de reconnaître la moitié des femmes du corps diplomatique, mais l'ambassadrice d'Allemagne l'impressionnait et elle la connaissait toujours. La princesse n'était pas très mondaine, ne se souciait pas de la société et de la vie en ville ; elle préférait la campagne, l'équitation, le tir et toutes sortes de sports.

Nous avons eu un très beau dîner à l'ambassade d'Allemagne l'hiver 1878, offert au maréchal et à madame de MacMahon. Après le dîner, avec le café, un ours est apparu dans le salon, un « bébé ours », disait-on, mais je ne l'ai pas trouvé très petit. La princesse le caressait et lui parlait comme à un chien, et je dois dire que le petit animal était parfaitement calme et se tenait près d'elle. Je pense que les lumières et la quantité de monde l'ont effrayé. Il a grogné une ou deux fois, et nous avons tous ressenti un sentiment de soulagement lorsqu'on l'a retiré. J'ai ensuite demandé à la Maréchale si elle avait peur. "Oui, j'avais très peur, mais je ne voulais pas montrer le devant ces allemands." (Oui, j'avais très peur, mais je ne voulais pas le montrer à ces Allemands.) Ils ont finalement dû renvoyer l'ours en Allemagne. À mesure qu'il vieillissait, il devenait de plus en plus sauvage et devenait tout à fait ingérable : ils ne pouvaient pas le garder dans l'ambassade.

Hohenlohe a toujours été agréable et facile. Je pense qu'il avait une réelle sympathie pour la France et qu'il a fait de son mieux dans diverses occasions délicates. L'année de l'exposition (1878), nous dînions au restaurant tous les soirs et presque toujours avec les mêmes personnes. Hohenlohe m'est souvent tombé dessus. Il m'a invité à dîner dix fois de suite. La onzième fois, nous étions chacun désespérés en sortant ensemble, alors je lui ai dit : « Ne faisons même pas semblant de parler ; tu peux parler à ton autre voisin et moi au mien. Cependant, nous *avons* parlé de chiffons, curieusement. J'avais attendu une robe, qui n'est arrivée qu'au dernier moment, et quand je l'ai mise, le corsage était si serré que je pouvais à peine la supporter. Il était trop tard pour me changer et je n'avais rien d'autre de prêt, donc très mal à l'aise, je me mis en route pour mon dîner. Je n'osais rien manger, j'osais à peine bouger, ce que remarqua Hohenlohe, après avoir vu trois ou quatre plats me passer intacts, et il me dit : « J'ai peur que tu ne sois malade, tu ne manges rien. "Non, pas du tout, seulement très inconfortable" - puis je lui ai expliqué la situation - que ma robe était si serrée que je ne pouvais ni bouger ni manger. Il était très indigné : « Comment les femmes pouvaient-elles être si stupides ? Pourquoi voulions-nous avoir une taille anormalement petite et être les esclaves de nos couturières ? Les hommes n'aimaient pas les silhouettes maquillées. "Oh, oui, ils le font ; tous les hommes admirent une silhouette légère et gracieuse." "Oui, quand c'est naturel, mais aucun homme ne comprend ni ne se soucie d'une femme habillée à la mode : les femmes s'habillent les unes pour les autres" (ce qui est parfaitement vrai).

[Illustration : Prince Hohenlohe. D'après le tableau de FE Laszlo.]

Cependant, il était destiné à voir d'autres dames très attentives à leur silhouette. La défunte impératrice d'Autriche, qui était une bonne cavalière, passa quelque temps un printemps à Paris et chevaucha tous les matins dans le Bois. Elle était très belle, avec une belle silhouette, avait de beaux chevaux et attirait beaucoup d'attention. Le prince Hohenlohe l'accompagnait souvent. Un matin, je chevauchais avec un ami lorsque nous avons vu de beaux chevaux qui attendaient au bloc de montage, juste derrière le portail. Nous avons deviné qu'il s'agissait des chevaux de l'Impératrice et avons attendu de la voir monter. Elle arriva en coupé, sa servante avec elle, et monta à cheval depuis le bloc. Le corps de son habit était ouvert. Lorsqu'elle fut installée sur sa selle, la servante monta sur le bloc et boutonna son habit, qui, je dois le dire, lui allait à merveille, comme si elle s'y fondait.

Les réceptions officielles étaient intéressantes cette année-là, car on voyait encore quelques costumes. Les Chinois, les Japonais, les Perses, les Grecs et les Roumains portaient leur costume national, et ils étaient bien plus beaux en eux que dans l'habit ordinaire et la cravate blanche de nos hommes. La robe grecque était très frappante, une jupe ample blanche avec une haute ceinture brodée, mais elle n'était convenable que lorsque celle qui la portait était jeune, avec une bonne silhouette. Je me souviens d'une jolie Roumaine avec un voile blanc pailleté d'or, très efficace. Désormais tout le monde porte le costume européen ordinaire, sauf les Chinois, qui gardent encore leur costume. On pouvait difficilement imaginer un Chinois en redingote et en chapeau haut de forme. Que ferait-il de sa natte ?

Les divertissements se poursuivirent assez bien cette année-là jusqu'en août, presque toutes les ambassades et ministères les recevant. La reine Isabelle d'Espagne habitait alors la grande maison de l'avenue Kléber, appelée le « Palais d'Espagne » (aujourd'hui Hôtel Majestic). Nous la rencontrions souvent en voiture dans le Bois. C'était une grande femme corpulente, au visage plutôt rouge, qui ne faisait pas beaucoup d'effet dans une voiture en tenue de ville ordinaire, mais dans son palais, lorsqu'elle recevait ou donnait une audience, c'était une dame très royale. J'ai demandé une audience peu après que W. ait été nommé au ministère des Affaires étrangères. Nous connaissions très bien un de ses chambellans, le duc de M., et il m'en a arrangé. J'arrivai au palais le jour fixé un peu avant quatre heures (l'audience était pour quatre). Les grandes portes étaient ouvertes, un grand portier vêtu de dentelles et de boutons rouges et or, un bâton à la main, attendait, deux ou trois hommes en noir et quatre ou cinq valets de pied en livrée rouge et poudré, à la porte et dans le hall. On me conduisit aussitôt dans une petite pièce au rez-de-chaussée, où m'attendaient quatre ou cinq dames, toutes espagnoles et toutes grosses. Au bout de quelques minutes, le duc parut. Nous avons discuté un peu (il m'a regardé pour voir si j'avais enlevé mon voile et mon gant droit) puis un homme en noir est apparu à la porte, s'est incliné bas et a dit quelque chose en espagnol. Le duc dit que je viendrais, Sa Majesté était prête à me recevoir. Nous traversâmes plusieurs salons où se trouvaient des valets et des pages (pas de dames), jusqu'à ce que nous arrivions à un très grand tout à l'autre bout du palais. Les grandes portes étaient ouvertes, et au fond je vis la Reine debout, une silhouette majestueuse (énorme), vêtue d'une longue robe de velours noir, un haut diadème de diamants sur la tête, d'où pendait un voile de dentelle noire, un éventail dans sa main (je suppose qu'aucune femme espagnole de quelque condition que ce soit ne se sépare jamais de son éventail) et un magnifique collier de perles. Je fis ma révérence sur le seuil, le chambellan me nomma avec la formule habituelle : « J'ai l'honneur de présenter à Votre Majesté, Madame Waddington, l'épouse du ministre des Affaires étrangères », puis recula hors de la pièce, et J'ai parcouru la longue salle jusqu'à la reine. Elle ne bougea pas, me laissa faire mes deux révérences, une au milieu de la pièce, une lorsque je m'approchai d'elle, puis me serra la main. Nous restâmes debout quelques minutes puis elle s'assit sur un canapé (pas très petit) qu'elle remplit bien, et me fit signe de prendre un fauteuil d'un côté. Elle était très aimable, avait un sourire charmant, parlait très bien français mais avec un fort accent espagnol. Elle a dit qu'elle était très heureuse de voir mon mari au ministère des Affaires étrangères et qu'elle espérait qu'il resterait assez longtemps pour faire un vrai travail - elle a dit qu'elle aimait beaucoup la France, qu'elle adorait conduire dans les rues de Paris, qu'il y avait toujours tellement de choses à faire. tu vois et les gens avaient l'air gay. Elle aimait beaucoup les théâtres, surtout les plus petits, préférait l'esprit et la gaieté véritablement parisiens à la phrase mesurée et à la diction exercée du Français et de l'Odéon. Elle parlait très chaleureusement du maréchal MacMahon, espérait qu'il resterait président de la République aussi longtemps que les républicains le lui permettraient, craignait qu'ils ne rendent sa position impossible, mais que la jeune génération voulait toujours des réformes et des changements. J'ai dit que je pensais que c'était ainsi que le monde se passait partout, dans les familles comme dans les nations : on ne pouvait pas s'attendre à ce que les enfants voient avec les yeux de leurs parents. Ensuite nous avons parlé de l'exposition - elle a dit que le spectacle espagnol était très bien - m'a dit de regarder les tapisseries et les broderies qui étaient tout à fait magnifiques - des fils d'or et d'argent travaillés avec les tapisseries. L'entretien a été agréable et facile. Quand je pris congé, elle me laissa descendre dans toute la longueur de la pièce, sans me détourner à demi, comme le font tant de princesses après les premiers pas, afin de restreindre cette sortie très gênante. Cependant, une robe de jour n'est jamais aussi longue et encombrante qu'une robe de soirée avec une traîne.

Le chambellan attendait juste devant la porte, ainsi que deux dames d'honneur, aussi grosses que la reine. Certes, la mise en scène était très efficace. Le nombre des domestiques en livrée rouge, la silhouette solitaire debout au bout de la longue enfilade des chambres, le haut peigne de diamants et le long voile, transformaient tout à fait la très grosse dame au visage rouge que je rencontrais souvent en me promenant dans le Bois. .

Nous avons dîné une ou deux fois au palais, toujours un très beau dîner. Celui du Maréchal et de Madame de MacMahon était magnifiquement réalisé : tous les valets de pied, par dizaines, en livrée de gala rouge et jaune, le maître d'hôtel en bleu très foncé avec des épaulettes et des aiguillettes d'or. La table était couverte de fleurs rouges et jaunes et de splendides assiettes d'or, et un très bon orchestre de guitares et de mandolines jouait tout au long du dîner, les musiciens chantant parfois lorsqu'ils jouaient une chanson populaire. Nous étions tous rassemblés dans l'une des grandes salles en attendant l'apparition de la reine. Dès que le maréchal et madame de MacMahon furent annoncés, elle entra, les rencontra à la porte, fit ensuite cercle et serra la main de toutes les dames.

Lord Lyons donna un beau bal à l'ambassade cette saison-là. L'hôtel de l'ambassade britannique est un des meilleurs de Paris : de belles salles de réception ouvrant sur un très grand jardin, une grande cour et une sortie latérale ; il n'y avait donc pas de confusion de voitures. Il avait besoin de toute sa chambre : Paris était rempli d'Anglais. Outre tous les visiteurs de l'exposition, il y avait de nombreux touristes et des Anglais bien connus, tous s'attendant à se divertir à l'ambassade. Tout le monde était là. Le prince et la princesse de Galles, le maréchal et madame de MacMahon, les princes d'Orléans, la princesse Mathilde, le faubourg Saint-Germain, le gouvernement et autant d'étrangers que la maison pouvait contenir, car il invita beaucoup de monde, une fois son les obligations, anglaises et officielles, furent satisfaites. Ce n'était que dans une ambassade qu'un tel rassemblement pouvait avoir lieu, et c'était amusant de voir les gens de tous les camps se regarder.

Il y eut un souper à l'étage pour tous les royalties avant le cotillon. On m'a dit que M. le duc d'Aumale m'emmènerait souper. J'étais très content (car nous le connaissions très bien et il était toujours charmant avec nous) mais très surpris, car les princes d'Orléans ne restaient jamais souper aux grandes réceptions officielles. Il y aurait eu des questions de lieu et de préséance qui auraient été très difficiles à régler. Au moment du départ pour le souper, il fallut changer les choses, les princes d'Orléans étant rentrés chez eux. Le prince héritier du Danemark m'a emmené. La salle du souper était joliment disposée, avec deux tables rondes : lord Lyons présidait l'une avec les princesses de Galles et de Danemark, l'autre présidait sa nièce, la duchesse de Norfolk, avec les princes de Galles et de Danemark. J'étais assis entre les princes du Danemark et de Suède. En face de moi, à côté du prince de Galles, était assise une dame que je ne connaissais pas. Tous les autres autour de la table l'ont fait. Elle était très jolie, avec un sourire charmant et des manières très animées. J'ai demandé à voix basse au prince de Danemark qui elle était, pensant que ce devait être une des princesses étrangères que je n'avais pas encore rencontrées. Le prince de Galles entendit ma question, et aussitôt, avec son tact charmant et son aisance, me dit : « Vous ne connaissez pas la princesse Mathilde ; laissez-moi le plaisir de vous lui présenter », me nommant à une fois, en ma qualité officielle, « épouse du ministre des Affaires étrangères ». La princesse était très aimable et souriante, et nous parlions de toutes sortes de choses, de certaines de ses protégées musicales, qui étaient aussi les miennes. Elle m'a demandé si j'aimais vivre au ministère, Quai d'Orsay ; elle s'en souvenait comme d'une si belle maison. Lorsque la fête fut terminée, elle serra la main, dit qu'elle n'avait pas le plaisir de connaître M. Waddington, mais que je le remercierais de sa part pour ce qu'il avait fait pour un de ses amis. J'ai essayé de retrouver W. après le souper pour le présenter à la princesse, mais il était déjà parti, il n'est pas resté pour le cotillon : la princesse aussi est partie immédiatement après le souper. Je l'ai rencontrée une ou deux fois par la suite. Elle était toujours amicale et nous avions de petites discussions ensemble. Son salon, qu'elle recevait une fois par semaine, était tout un centre : tous les bonapartistes bien sûr, le corps diplomatique, beaucoup d'étrangers et toutes les célébrités de la littérature et des arts.

A cette exception près, je n'ai jamais vu ni parlé avec aucun membre de cette famille jusqu'à ce que je sois veuve depuis quelques années, lorsque l'impératrice Eugénie me reçut sur son yacht à Cowes. Lorsque la nouvelle de la terrible tragédie de la mort du prince impérial au Zoulouland fut annoncée, W. était ministre des Affaires étrangères et il avait invité une grande fête, avec de la musique. W. reporta aussitôt la fête, dit qu'il n'était pas question de politique ni d'un prince bonapartiste : c'était un Français tué, combattant vaillamment en pays étranger. J'ai toujours pensé que l'Impératrice était au courant et appréciait son acte, car pendant son ambassade à Londres, même si nous ne l'avons jamais vue, elle lui faisait constamment part, par l'intermédiaire d'amis communs, de petites négociations qu'elle connaissait et pensait pouvoir l'intéresser, et parlait toujours très fort. bien de lui comme d'un « homme d'État lucide et patriotique ». J'aurais aimé la voir dans la fleur de l'âge, alors qu'elle devait être extraordinairement belle et gracieuse. Quand je l'ai vue, elle n'était plus jeune, mais une silhouette majestueuse et impressionnante, et elle avait encore le beau front qu'on voit sur toutes ses photos. Une de nos amies, femme très intelligente et grande antibonapartiste, nous raconta une histoire amusante de son petit fils. L'enfant était quelquefois dans le salon lorsque sa mère recevait, et l'entendait, ainsi que tous ses amis, s'insulter contre les iniquités de la cour impériale et la frivolité de l'impératrice. Il vit l'Impératrice se promener un jour dans le bois de Boulogne. Elle a été attirée par le groupe d'enfants, s'est arrêtée et leur a parlé. Le garçon était ravi et dit à sa gouvernante : "Elle est bien jolie, l'Impératrice, mais il ne faut pas le dire à Maman." (L'Impératrice est très jolie, mais il ne faut pas le dire à maman.)

- 61 -

VII

LE CONGRÈS DE BERLIN

Soixante-dix-huit années ont été pour nous une année des plus importantes à bien des égards. Outre l'intérêt et les fatigues de l'exposition et les réceptions incessantes et les festivités officielles de toutes sortes, un grand événement se profilait devant nous : le Congrès de Berlin. On le sentait venir depuis un certain temps. Il y avait toutes sortes de nouvelles délimitations et de questions à régler depuis la guerre dans les Balkans, et l'Europe devenait visiblement nerveuse. Presque immédiatement après l'ouverture de l'exposition, le projet prend forme et il est décidé que la France participera au Congrès et enverra trois représentants. C'était la première fois que la France s'affirmait depuis la guerre franco-prussienne de 1870, mais il était temps pour elle désormais de sortir de l'effacement qu'elle s'était imposé et de prendre sa place au Congrès des nations. Il y eut de nombreuses discussions, tant publiques que privées, avant la nomination des plénipotentiaires, et une grande réticence de la part de nombreux Français très intelligents et patriotes à voir le pays se lancer sur un terrain dangereux et un éventuel conflit avec Bismarck. Cependant la chose fut décidée, et les trois plénipotentiaires nommés : M. Waddington, ministre des Affaires étrangères, en premier ; le comte de Saint-Vallier, diplomate très habile et distingué, actuel ambassadeur à Berlin, second ; et Monsieur Desprey, directeur de la politique au ministère des Affaires étrangères, troisième. C'était aussi un homme très compétent, un des piliers du ministère, au courant de tous les traités et négociations des vingt dernières années, très prudent et lucide. Tous les collègues de W. se montrèrent très cordiaux et charmants lors de sa nomination. Il fit une déclaration à la Chambre sur la ligne politique qu'il avait l'intention d'adopter, et fut absolument approuvée et encouragée. Pas un mot désobligeant d'aucune sorte n'a été prononcé, pas même la remarque habituelle de « cet anglais qui nous représente ». Il commença le 10 juin dans les meilleures conditions possibles - pas d'instruction d'aucune sorte de son chef, M. Dufaure, président du Conseil - très élogieux à son égard certes, mais les ministres ne se responsabilisant pas eux-mêmes - laissant la porte ouverte au cas où il a commis des erreurs. Il était évident que le Parlement et le gouvernement étaient nerveux. C'était plutôt amusant, alors que tous les préparatifs du départ se poursuivaient. W. emmenait avec lui une grande suite, des secrétaires, des huissiers, etc., et je leur dis qu'ils étaient aussi occupés de leurs habits, de leurs broderies et de leurs bicornes qu'une jolie femme avec ses robes. Je voulais vraiment y aller, mais W. pensait qu'il serait plus libre et aurait plus de temps pour réfléchir si je n'étais pas là. Il ne connaissait pas du tout Berlin, n'avait jamais vu Bismarck ni aucun des principaux hommes d'État allemands et était pleinement conscient de la manière dont chacune de ses paroles et de ses actes serait critiquée. Cependant, si un homme public n'est pas critiqué, cela signifie généralement qu'il n'a aucune conséquence – les attaques et les critiques sont donc plutôt les bienvenues – et qu'il agit comme un stimulant. J'aurais pu partir et séjourner officieusement chez un cousin, mais il pensait que cela ne suffirait pas. Saint-Vallier était célibataire ; cela aurait été plutôt une affaire pour lui d'organiser à l'ambassade un appartement pour une dame et ses servantes, bien qu'il ait été très courtois et m'ait demandé de venir.

[Illustration : M. William Waddington. Dans l'uniforme qu'il portait en tant que ministre des Affaires étrangères et au Congrès de Berlin, 1878]

Je me sentais plutôt seule dans le grand ministère quand ils étaient tous partis et je me retrouvais avec bébé. W. n'est resté absent que cinq semaines et j'ai fait diverses choses officielles en son absence, entre autres la Revue du 14 juillet. L'invité de marque à cette occasion était le Shah de Perse, qui arriva avec la Maréchale dans une belle voiture découverte, avec des piqueurs et des postillons. Bien sûr, le maréchal était à cheval. Le Shah n'était pas du tout une silhouette frappante, petit, gros, avec une peau foncée et des yeux noirs et durs. Il avait de beaux bijoux, un gros diamant attachant l'aigrette blanche de son haut bonnet noir, et la garde de son épée incrustée de diamants. Il fit un petit signe de tête raide en reconnaissance des salutations et des révérences que chacun faisait lorsqu'il apparaissait dans la loge du maréchal. Il s'assit aussitôt d'un côté de la Maréchale devant la loge, une des ambassadrices, la princesse Hohenlohe je crois, à côté de lui. Le spectacle militaire semblait l'intéresser. De temps à autre, il faisait quelques remarques à la Maréchale, mais il n'était certainement pas bavard. Pendant que passait l'interminable file des régiments d'infanterie, on se dirigea vers le fond de la loge, où se trouvait une table avec des glaces, du champagne, etc. Madame de MacMahon s'approcha de moi en me disant : « Madame Waddington, Sa Majesté demande les nouvelles de M. Waddington », sur lequel Sa Majesté se plaça directement devant moi, si près qu'il faillit me toucher, et demanda d'une manière rapide et brusque, comme s'il tirait un coup de feu : « Où est votre mari?" (ni Madame, ni M. Waddington, ni aucun des termes habituellement adoptés dans la bonne société). "Un Berlin, Sire." "Pourquoi à Berlin ?" "Comme plénipotentiaire Français au Congrès de Berlin." "Oui, oui, je sais, je sais. Cela l'intéresse ?" "Beaucoup; il voit tant de personnes intéressantes." "Oui, je sais. Il va bien ?" il se rapprochait toujours de moi, de sorte que je me retrouvais contre le mur, avec ses petits yeux durs et brillants fixés sur les miens, et toujours le même ton aigu et saccadé. "Il va parfaitement bien, je vous remercie." Puis il y a eu une pause et il a fait une ou deux autres remarques que je n'ai pas bien comprises - je ne pense pas que son français allait très loin - mais j'ai compris quelque chose à propos de "jolies femmes" et je lui en ai montré une ou deux. , mais il restait toujours à me regarder en face et je fus ravi lorsque son ministre s'approcha de lui (timidement - tout son peuple avait peur de lui) et me dit qu'un personnage voulait lui être présenté. Il m'a serré la main, m'a dit quelque chose à propos de « votre mari revient bientôt » et s'est éloigné. La Maréchale m'a demandé si je n'étais pas touchée par la sollicitude de Sa Majesté pour la santé de mon mari et si je n'aimerais pas venir devant la loge et m'asseoir à côté de lui, mais je lui ai répondu que je ne pensais pas à occuper Son L'attention de Majesté, car plusieurs personnalités importantes souhaitaient lui être présentées. Je l'observais un peu (de loin), essayant de voir si quelque chose l'impressionnait (la foule, les jolies femmes bien habillées, le défilé, les longues lignes d'infanterie, - assez fatiguant à voir, comme un régiment de ligne ressemble beaucoup à un autre (les chasseurs avec leurs petits chevaux alezans, les dragons plus lourdement montés et les canons), mais sa figure restait absolument impassible, même si je crois qu'il voyait tout. Ils ont raconté une histoire amusante le concernant à Londres lors d'un bal du tribunal. Après avoir regardé la danse pendant un certain temps, il dit au prince de Galles : « Dites à ces gens d'arrêter maintenant, j'en ai assez vu » – pensant évidemment que c'était un ballet joué pour son amusement. Un autre, dans l'un des tribunaux européens, était drôle. Le monarque était très vieux, son épouse également. Lorsque le Shah fut présenté à la dame royale, il la regarda fixement sans dire un mot, puis dit à son mari : « Laide, vieille, pourquoi garder ? (Laid, vieille ; pourquoi la garder ?)

[Illustration : Nasr-ed-Din, Shah de Perse.]

Je suis allé à un grand dîner et une réception à l'ambassade britannique, donnée à tous les directeurs et commissaires de l'exposition. C'était une nuit chaude et agréable, le jardin était éclairé, tout le monde se promenait et un orchestre jouait. De nombreux fonctionnaires étaient accompagnés de leurs femmes et de leurs filles, et certaines toilettes étaient magnifiques. Il y avait beaucoup de jolies femmes, suédoises et danoises, du type nordique, cheveux très blonds et yeux bleus, qui attiraient beaucoup l'attention, et un groupe de Chinois (tous en costume) se tenant fièrement à l'écart, pas le moins intéressés apparemment par la scène gay. avant eux. Je me demande ce qu'ils pensaient des mœurs et coutumes européennes ! Il n'y avait pas de danse, ce qui, je suppose, aurait choqué leurs mœurs orientales. Lord Lyons m'a demandé pourquoi je n'étais pas à Berlin. J'ai répondu : « Pour la meilleure des raisons, mon mari a préféré y aller sans moi, mais j'espérais qu'il me ferait venir peut-être à la fin du Congrès. Il m'a dit que Lady Salisbury était là avec son mari. Il semblait plutôt sceptique quant à l'issue pacifique des négociations – pensant que tant de questions imprévues surgiraient et compliqueraient les choses.

Je suis allé à un bal à l'Hôtel de Ville, également donné à tous les étrangers et Français liés à l'exposition. L'arrivée a été très longue et fatigante. Le coupédossier n'a servi à rien, car tout le monde en avait un. Le comte de Pontécoulant m'accompagna et il protesta vigoureusement, mais un des chefs de police, qu'il connaissait bien, s'approcha de la voiture pour m'expliquer qu'il n'y avait rien à faire. Il y avait une longue file de voitures diplomatiques et officielles, et nous devons tenter notre chance avec les autres. Certains de nos cousins (Américains) n'y sont jamais arrivés : ils sont restés des heures dans leur calèche de la rue du Rivoli, bougeant d'un centimètre à la fois. Heureusement, c'était une nuit chaude et agréable ; et à mesure que nous approchions, nous vîmes beaucoup de gens qui marchaient, qui avaient laissé leurs voitures à peu de distance, désespérément coincés dans une foule de véhicules, des femmes en robes claires, avec des fleurs et des bijoux dans les cheveux. Les pièces étaient très belles quand nous entrâmes enfin, particulièrement l'escalier, avec une Garde Municipale à chaque marche, et des massifs de palmiers et de fleurs sur le palier du hall, partout où l'on pouvait mettre des fleurs. La Ville de Paris fournit toutes les fleurs et plantes pour les réceptions officielles, et elles sont toujours très bien disposées. Certains trophées de drapeaux de toutes les nations ont également fait un grand effet. Je n'ai pas vu beaucoup de gens que je connaissais, il était impossible de se frayer un chemin à travers la foule, mais quelqu'un m'a trouvé une chaise près de la fenêtre ouverte donnant sur le balcon, et j'étais bien content d'être assis là à regarder passer les gens. Le monde entier était représenté, et il était intéressant d'en voir les différents types : les Sudistes, petits, légers, bruns, impatients, se tortillant dans la foule, les Anglo-Saxons, grands, larges, calmes, redressant les épaules quand survenait un soudain se précipiter et attendre patiemment une chance de prendre un peu d'avance. Certaines femmes ont elles aussi bien poussé, visiblement déterminées à faire tout ce qu'elles pouvaient. Je ne pense pas qu'il y ait eu de redevances, même mineures.

W. écrivait assez régulièrement depuis Berlin, surtout les premiers jours, avant le début des véritables travaux du Congrès. Il partit un peu plus tôt qu'il ne l'avait d'abord prévu, afin d'avoir un peu de temps pour discuter avec Saint-Vallier et faire connaissance avec quelques-uns de ses collègues. Saint Vallier, avec tout le personnel de l'ambassade, l'accueillit à la gare à son arrivée à Berlin, ainsi que Holstein (notre vieil ami qui était à l'ambassade d'Allemagne à Paris avec Arnim) pour le complimenter de la part du prince de Bismarck, et il à peine quinze minutes à l'ambassade que le comte Herbert von Bismarck arriva avec les salutations et les compliments de son père. Il alla voir Bismarck le lendemain, le trouva chez lui et très poli ; il était tout à fait sympathique, très courtois et « bonhomme, original et même amusant dans sa conversation, mais avec un regard dur dans les yeux qui n'augure rien de bon pour ceux qui croisent son chemin ». Il eut juste le temps de regagner l'ambassade et d'enfiler son uniforme pour son audience avec le prince héritier (feu l'empereur Frédéric).[1] Le vice-grand-maître des cérémonies vint le chercher dans une voiture de cour et ils se rendirent au palais : W. assis seul sur la banquette arrière, le grand-maître lui faisant face à l'avant. "J'ai été conduit dans une pièce où se tenait le Prince. Il était très amical et a parlé pendant vingt minutes de toutes sortes de choses, dans un excellent français, avec quelques mots d'anglais de temps en temps pour montrer qu'il connaissait mes relations anglaises. Il parla de mes voyages en Orient, des de Bunsen, de la santé de l'Empereur (le vieil homme va beaucoup mieux et décidément en convalescence) — et de son grand désir de paix. Tous les plénipotentiaires n'étaient pas encore arrivés. Ils ne parurent que dans l'après-midi du 12, veille de l'ouverture du Congrès. Le prince Bismarck a envoyé l'invitation pour la première séance :

[Note 1 : Le prince héritier représentait son père à toutes les fonctions. Quelques jours avant la réunion du Congrès, le vieil empereur avait été blessé au bras par un nihiliste, Nobiling, qui avait tiré depuis une fenêtre alors que l'empereur passait en voiture découverte. La blessure était légère, mais le vieillard était très ébranlé et ne pouvait prendre part aux cérémonies ni recevoir aucun des plénipotentiaires.]

Le Prince de Bismarck
à l'honneur de prévenir Son Excellence, Monsieur Waddington, que la première réunion du Congrès aura lieu le 13 juin à deux heures, au Palais du Chancelier de l'Empire, 77, Wilhelmstrasse.   "Berlin, le 12 juin 1878."

C'est un brillant rassemblement de grands noms et d'intelligences qui répondirent à son invitation : Gortschakoff, Schouvaloff, Andrassy, Beaconsfield, Salisbury, Karolyi, Hohenlohe, Corti et bien d'autres, plus jeunes, qui faisaient office de secrétaires. Le français était la langue parlée, la seule exception étant faite par Lord Beaconsfield, qui parlait toujours en anglais, même s'il était évident, dit W., qu'il comprenait parfaitement le français. Le premier jour n'était qu'une ouverture officielle du Congrès – tout le monde en uniforme – mais seulement pour cette occasion. Après cela, ils portèrent tous leur tenue ordinaire du matin et remirent leur uniforme le dernier jour seulement, lorsqu'ils signèrent le traité. W. écrit : « Bismarck préside et a bien fait sa part aujourd'hui ; il parle français assez bien mais très lentement, trouvant difficilement ses mots, mais il sait ce qu'il veut dire et fait voir à chacun qu'il le dit. » Personne d'autre n'a dit grand-chose ce premier jour ; chacun était plutôt réservé, attendant que son voisin commence. Beaconsfield prononça un bref discours, éprouvant pour certains de ses collègues, notamment les Turcs, qui avaient visiblement beaucoup de difficulté à comprendre l'anglais. Ils comptaient sur la sympathie de l'Angleterre, mais étaient un peu nerveux quant à un prétendu accord entre l'Angleterre et la Russie. Les Russes écoutaient avec la plus grande attention. Il semblait y avoir une méfiance de leur part à l'égard de l'Angleterre et une rivalité prononcée entre Gortschakoff et Beaconsfield. Le Congrès dîna ce premier soir avec le prince héritier au Schloss, dans la célèbre salle blanche, tous en uniforme et en ordre. W. a dit que la chaleur était épouvantable, mais que la soirée était intéressante. Il y avait cent quarante convives, aucune dame sauf les princesses royales, pas même les ambassadrices. W. était assis à la gauche de Bismarck, qui parlait beaucoup, avec l'intention de se rendre agréable. Il a eu une longue conversation après le dîner avec la princesse héritière (princesse royale d'Angleterre) qui lui a parlé anglais. Il la trouvait charmante – intelligente, cultivée et si facile – pas du tout raide et timide comme tant de membres de la royauté. Il la voyait très souvent pendant son séjour à Berlin et elle se montrait d'une gentillesse sans faille avec lui — ainsi qu'avec moi lorsque je la connaissais plus tard à Rome et à Londres. Elle reste toujours dans ma mémoire comme l'une des femmes les plus charmantes que j'ai jamais rencontrées. Son visage me revient souvent avec son beau sourire éclatant et ses yeux les plus tristes que j'aie jamais vus. J'en ai connu très peu comme elle. W. eut également un entretien avec le prince Frédéric-Charles, père de la duchesse de Connaught, qu'il trouva un soldat plutôt rude, aux manières brèves et brusques. Il a laissé des souvenirs amers en France pendant la guerre franco-allemande, on l'appelait le « Prince Rouge », il était si dur et cruel, toujours prêt à tirer sur quelqu'un et à incendier des villages à la moindre provocation – si différent du Prince Impérial, le "unser Fritz" des Allemands, qui avaient toujours un mot gentil pour l'ennemi tombé.

[Illustration : Prince Bismarck. D'après un croquis d'Anton von Werner, 1880.]

Les journées de W. étaient très chargées, et lorsque commençaient les séances importantes, c'était parfois un travail dur. Il faisait très chaud dans la salle du Congrès (tous les collègues semblaient avoir une sainte horreur des fenêtres ouvertes) — et certains hommes étaient très longs et fastidieux à exposer leurs arguments. Bien sûr, ils étaient désavantagés parce qu'ils ne parlaient pas leur propre langue (très peu d'entre eux connaissaient bien le français, à l'exception des Russes), et ils devaient y aller très prudemment et être bien sûrs de la signification exacte des mots qu'ils utilisaient. W. était transporté tous les matins, car le Congrès ne se réunissait que l'après-midi. Ils chevauchaient habituellement dans le Thiergarten, qui n'est pas très grand, mais les allées cavalières étaient bonnes. Il était très difficile de sortir de Berlin en rase campagne sans passer par de longues banlieues et des routes sablonneuses peu alléchantes. De nombreux officiers se promenaient dans le parc et un matin, alors qu'il se promenait avec l'attaché militaire de l'ambassade, deux officiers arrivèrent et prétendirent faire connaissance, l'ayant connu en France en 70, l'année de la guerre. Ils roulèrent peu de temps ensemble et le lendemain, il reçut une invitation des officiers d'un élégant régiment de uhlans à dîner à leur mess "en souvenir de l'aimable hospitalité témoignée à certains de leurs officiers qui avaient été cantonnés chez lui en France". pendant la guerre." Comme l'hospitalité était décidément forcée, et la présence des officiers allemands peu agréable à la famille, l'invitation ne fut pas très heureuse. C'était bien intentionné, mais c'était un de ces curieux exemples de manque de tact allemand qu'on remarque si souvent lorsqu'on vit beaucoup avec des Allemands. Les heures des différentes animations étaient amusantes. Lors d'un grand dîner chez le prince de Bismarck, les invités furent invités à six heures, et à huit heures trente tout le monde était parti. W. était assis à côté de la comtesse Marie, la fille de la maison, la trouvait simple et encline à parler, parlant bien français et anglais. Immédiatement après le dîner, les hommes fumaient tous partout, au salon, sur la terrasse, certains faisant un tour dans le parc avec Bismarck. W. trouvait la princesse Bismarck peu femme du monde ; elle était préoccupée d'abord de son dîner, puis de son mari, de peur qu'il ne mange trop ou qu'il ne prenne froid en sortant de la chaude salle à manger dans l'air du soir. Il n'y avait pas de dames au dîner, sauf la famille. (La dame allemande ne semble pas occuper la même place dans la société que la française et la anglaise. A Paris, les épouses des ambassadeurs et des ministres sont toujours invitées à tous les banquets officiels.)

Des divertissements de toutes sortes étaient prévus pour les plénipotentiaires. Au début de juillet, W. parle d'une « Land-parthie » : le Congrès tout entier (les épouses aussi cette fois) invité à Potsdam pour la journée. Il redoutait plutôt une longue journée : les excursions n'étaient pas vraiment à sa disposition. Pourtant, celui-ci semble avoir réussi. Il écrit : « Notre excursion s'est mieux déroulée qu'on aurait pu l'espérer. Le groupe était composé des plénipotentiaires et d'un certain nombre d'officiers de justice et de généraux. Nous sommes partis en train, nous nous sommes arrêtés à une gare appelée Wannsee et nous sommes embarqués à bord d'un petit bateau à vapeur. la Princesse Royale recevant les invités à leur arrivée à bord. Nous partîmes alors pour une promenade sur les lacs, mais bientôt il y eut une violente rafale qui obligea les matelots à démonter les auvents au plus vite et fit tomber tout le monde. dans les cabines. Cela dura environ une demi-heure, après quoi tout s'éclaircit et tout le monde réapparut sur le pont. Peu à peu, nous débarquâmes près de Babelsberg, où des voitures m'attendaient en premier avec le Princess Royal. , la comtesse Karolyi (épouse de l'ambassadeur d'Autriche, une belle jeune femme), et Andrassy. Nous avons visité le château de Babelsberg, qui est une jolie maison de campagne gothique, non un palais, et qui appartient à l'empereur actuel. Nous avons fait un long trajet, à travers différents parcs et villages, et sommes finalement arrivés à Sans Souci, où nous avons dîné. Après le dîner, nous avons flâné dans les chambres et avons vu les différents souvenirs de Frédéric le Grand, et sommes rentrés à la maison à dix heures trente. " W. a beaucoup vu son cousin, Georges de Bunsen, un homme charmant, très cultivé et cosmopolite. Il possédait une jolie maison dans le nouveau quartier de Berlin et y était très hospitalier. Il y fit un dîner intéressant avec quelques hommes de lettres et savants : Mommsen, Leppius, Helmholtz, Curtius, etc., pour la plupart ses collègues, ainsi que ses collègues. il était membre de l'Académie de Berlin. Il trouvait ces soirées un agréable changement après les longs après-midi chauds dans la Wilhelmsstrasse, où il y avait nécessairement tant de choses longues et fastidieuses, je pense que même lui en avait assez des frontières grecques, malgré sa sympathie. pour le pays. Il fit ce qu'il put pour les Grecs, qui lui en furent très reconnaissants et lui offrirent, en souvenir des efforts qu'il avait déployés en leur faveur, un beau groupe en bronze représentant une figure féminine - « Grèce » rejetant le liens de la Turquie. Certains des intervenants étaient très intéressants. Il trouvait Schouvaloff toujours un brillant débatteur : il parlait parfaitement français, était toujours de bonne humeur et courtois et défendait bien sa cause. On sentait une animosité latente entre les Anglais et les Russes. Lord Beaconsfield fit un ou deux discours forts, très précis et légèrement arrogants, mais comme ils étaient toujours prononcés en anglais, ils ne furent pas compris de toute l'Assemblée. W. était toujours heureux de rencontrer le prince Hohenlohe, actuel ambassadeur d'Allemagne à Paris (qui avait été nommé troisième plénipotentiaire allemand). Il était parfaitement au courant de tout ce qui se passait à la cour et dans le monde officiel, connaissait tout le monde et présentait W. à diverses dames qui recevaient de manière informelle, où il pouvait passer une heure ou deux tranquillement, sans rencontrer tous ses collègues. Bien entendu, Blowitz est apparu sur la scène, la personne la plus importante de Berlin (à son avis). Je ne suis pas tout à fait sûr qu'il ait vu toutes les personnes qu'il a dit avoir vues, ni si toutes les confidences extraordinaires qu'il a faites au public lui ont été faites, mais il a certainement beaucoup impressionné les gens, et je suppose que ses lettres en tant que correspondant de journal étaient tout à fait merveilleux. Il était remarquablement intelligent et absolument sans scrupules, n'hésitait pas à mettre dans la bouche des gens ce qu'il souhaitait qu'ils disent, de sorte qu'il avait naturellement une grande attirance sur le journaliste simple d'esprit ordinaire qui écrivait simplement ce qu'il voyait et entendait. Comme il était correspondant à Paris du *London Times* , il se trouvait souvent à l'ambassade de France. W. ne lui a jamais vraiment fait confiance, et son flair était juste, car il était tout sauf fidèle à lui. Les derniers jours du Congrès ont été très chargés. Les négociations ont été gardées assez secrètes, mais les choses ont toujours été divulguées et les journaux ont dû dire quelque chose. J'ai été plutôt ému par le ton de la presse française, mais W. m'a écrit pour ne pas m'en soucier : ils ne savaient vraiment rien, et lorsque le traité serait signé, la France s'en sortirait certainement très honorablement. Tout cela est depuis longtemps passé dans le domaine de l'histoire et a été raconté tant de fois par tant de personnes différentes que je n'entrerai pas dans les détails sauf pour dire que le protectorat français de Tunis (aujourd'hui l'une de nos colonies les plus florissantes) était entièrement arrangé par W. lors d'une longue conversation confidentielle avec Lord Salisbury. La cession de l'île de Chypre par la Turquie aux Anglais fut pour W une surprise des plus inattendues et des plus désagréables. Cependant, il s'adressa immédiatement à Lord Salisbury, qui était un peu embarrassé, car cette négociation avait été tenue secrète, ce qui ne semblait pas être le cas. tout à fait juste, tout le reste ayant été ouvertement discuté autour de la table du conseil. Il comprenait très bien les sentiments de W. à ce sujet et était tout à fait disposé à s'arranger au sujet de Tunis. La chose ne fut ni comprise ni approuvée d'abord par le gouvernement français. W. rentre à Paris, « les mains vides ; seulement à chercher dans sa poche on y eut trouvé les clés de la Tunisie » — comme définissait la situation il y a quelques années par un de ses amis. Il fut presque désavoué par son gouvernement. Les ministres étaient timides et peu disposés à ce que la France prenne la moindre initiative : même son ami Léon Say, alors ministre des Finances, homme très intelligent et brillant homme politique, disait : « Notre collègue Waddington, contre son habitude, s'est emballé cette fois. pour la question de la Tunisie." (Notre collègue Waddington, contrairement à sa nature, a cette fois perdu la tête à propos de la question de Tunis.) Je pense que le cours des événements a pleinement justifié son action, et maintenant qu'elle a connu un tel succès, tout le monde prétend avoir pris l'initiative du protectorat français de Tunis. Tous les honneurs ont été rendus à ceux qui ont réalisé le projet, et on parle très peu de l'homme à l'origine du projet, malgré de grandes difficultés dans le pays et à l'étranger. Certains amis de W. connaissent la vérité.

[Illustration : Le Congrès de Berlin. D'après un tableau d'Anton von Werner, 1881.]

Il y a eu un grand échange de visites, de photographies et d'autographes les derniers jours du Congrès. Entre autres choses que W. rapporta de Berlin et que ses petits-fils garderont précieusement comme souvenir historique, il y avait un éventail, un éventail en bois tout à fait simple, avec les signatures de tous les plénipotentiaires, certaines très caractéristiques. Les signatures françaises sont curieusement petites et distinctes, contrastant avec la tache de Bismarck. W. était vraiment désolé de dire au revoir à certains de ses collègues. Andrassy, avec ses sympathies vives et sa compréhension instantanée de tous les aspects d'une question, l'attirait beaucoup. C'était une personnalité marquante, tout à fait du type slave. W. avait peu de relations privées avec le prince Gortschakoff, qui était déjà un vieil homme et le type du diplomate à l'ancienne mode, faisant des phrases très longues et bien tournées qui rendaient les gens un peu impatients. Dans l'ensemble, W. était satisfait. Il écrit deux ou trois jours avant la signature du traité : « Autant que je sache à l'heure actuelle, personne ne sera satisfait du résultat du Congrès ; c'est peut-être la meilleure preuve qu'il traite de manière juste et équitable les

Des affirmations et des prétentions très exagérées de toutes les parties. Quoi qu'il en soit, la France sortira de toute cette affaire honorablement et après avoir fait tout ce qu'une puissance strictement neutre peut faire. Le traité fut signé le 13 juillet par tous les plénipotentiaires en grand uniforme. W. a déclaré qu'il y avait un certain sentiment de satisfaction et de soulagement que ce soit terminé. Même Bismarck semblait moins préoccupé, comme si un poids avait été enlevé de ses épaules. Bien sûr, il était censé avoir toujours eu sa propre voie. Tout le monde (pas seulement les Français) avait peur de lui. Avec sa volonté de fer et sa capacité à écarter sans scrupules, voire à anéantir, tout ce qui se présentait sur son chemin, il était un adversaire redoutable. Il y a eu un dîner de gala au Schloss pour célébrer la signature du traité. "C'était la répétition exacte de la première, à l'ouverture du Congrès. Je m'asseyais à gauche de Bismarck et j'ai eu beaucoup de conversation avec lui. Le prince héritier et la princesse étaient juste en face, et la princesse parlait beaucoup. traitez avec moi de l'autre côté de la table, toujours en anglais. La princesse héritière n'oubliera jamais qu'elle est née princesse royale d'Angleterre. Sa maison était gérée selon les principes anglais, ses enfants étaient élevés par des infirmières anglaises, elle-même parlait toujours anglais avec eux. Bien sûr, il devait y avoir beaucoup de choses en Allemagne qui lui étaient désagréables, tant les petits raffinements de la vie qui sont absolument nécessaires en Angleterre étaient un luxe presque inconnu en Allemagne, en particulier lorsqu'elle se mariait. Aujourd'hui, le confort et même l'élégance ont beaucoup progressé dans les maisons et les habitudes allemandes. Ses penchants anglais lui ont valu de nombreux ennemis, et je ne crois pas que le « Chancelier de fer » lui ait rendu les choses faciles. Le dîner au Schloss eut lieu comme d'habitude à six heures, et à neuf heures du matin il fallut aller prendre congé de l'Impératrice, qui était très française dans ses sympathies et qui avait toujours été très bonne pour lui. Sa fille, la grande-duchesse de Bade, était là, et W. passa une heure très agréable avec les deux dames. L'Impératrice lui posa de nombreuses questions sur le Congrès, et particulièrement sur Bismarck - s'il était d'assez bon caractère - quand il était nerveux, il était tout simplement impossible, ne se souciait pas de ce que les gens pensaient de lui et ne se souciait pas de lui. hésiter à montrer quand il s'ennuie. La Grande-Duchesse ajouta en souriant : "Il est parfaitement intolérant, n'a aucune patience avec un imbécile." Je suppose que la plupart des gens sont de cet avis. Je ne le suis pas personnellement. J'ai des amis des deux sexes gentils, insensés, gentils et heureux, que je suis toujours heureux de voir ; Je pense qu'ils se reposent plutôt en ces temps de haute éducation et de culture et de pose. W. termina sa soirée chez Lady Salisbury, qui donna une réception d'adieu à tous les plénipotentiaires. Il prend congé de ses collègues, tous très amicaux. Le seul qui était un peu raide avec lui et qui n'exprimait aucune envie de le revoir était Corti, le plénipotentiaire italien. Il soupçonnait évidemment que quelque chose avait été arrangé à propos de

Tunis et était très ennuyé de n'avoir pas pu obtenir Tripoli pour l'Italie. Il fut ensuite notre collègue à Londres, et il y avait toujours un peu de contrainte et de sang-froid dans ses manières. W. a quitté Berlin le 17, après cinq semaines d'absence.

VIII

GAIÉTÉS AU QUAI D'ORSAY

W. rentra chez lui le 17 et fut si occupé les premiers jours avec ses collègues et amis politiques que je ne le vis pas beaucoup plus que s'il avait été à Berlin. Il était plutôt dégoûté et découragé du regard que ses collègues du cabinet et ses amis portaient sur l'attitude de la France au Congrès. Le seul homme qui semblait capable d'anticiper un peu et de comprendre quel avenir pouvait avoir la France à Tunis était Gambetta. Je me souviens très bien du récit d'une conversation intéressante avec lui. Gambetta était un passionné d'affaires étrangères, très patriotique, et peu disposé à ce que la France reste indéfiniment une puissance affaiblie, encore souffrante de la défaite de 1870. Il y eut de nombreuses fêtes et réunions de toutes sortes, tout au long des mois d'été, ainsi que les gens étaient venus en masse à Paris pour l'exposition. Nous restâmes en ville jusqu'aux premiers jours d'août, puis W. se rendit à son Conseil général dans le département de l'Aisne, et moi je descendis à Deauville. Il m'y rejoignit et nous passâmes un mois agréable : nous baigner, conduire et voir beaucoup de monde. Nous avions pris la villa de Sir Joseph Oliffe, une des meilleures de Deauville. Oliffe, un Anglais, était l'un des médecins de l'empereur Napoléon, et lui et le duc de Morny furent les fondateurs de Deauville, qui fut très à la mode tant que Morny vécut et que dura l'Empire, mais elle perdit de sa vogue quelques années après le Franco. -Guerre allemande : la mode et la société se rassemblent généralement à Trouville. Il n'y avait pas beaucoup de villas à l'époque, et un hôtel assez mauvais, mais la mer était plus proche qu'aujourd'hui et les gens allaient tous à la plage le matin, pêchaient les crevettes l'après-midi et menaient une promenade tranquille à l'extérieur. vie. Il n'y avait ni polo, ni golf, ni automobiles, pas beaucoup de voitures, un bon court de tennis, où W. jouait régulièrement, et des courses tous les dimanches d'août, qui attiraient naturellement une jeune foule gaie de tout le monde sportif. Le train des maris, qui partait de Paris tous les samedis soir, amenait un grand nombre d'hommes. C'était bien différent du Deauville d'aujourd'hui, qui est charmant, avec quantité de jolies villas, de jardins et de sports de toutes sortes, mais la mer est si loin qu'il faut faire une assez longue marche pour y accéder, et les matinées sur la plage et les expéditions à Trouville l'après-midi à travers le ferry, pour faire un peu de shopping rue de Paris, appartiennent au passé. Curieusement, en parcourant mes notes l'autre jour, j'ai reçu la visite d'un vieil ami, le duc de M., qui faisait partie de l'entourage de la maison impériale de l'empereur Napoléon III, et y participa activement. dans tout ce qui se passait à la cour. Il venait de recevoir des nouvelles d'un ami de la très brillante saison de Deauville cette année et des flots d'or qui affluaient dans la caisse de gestion du nouvel hôtel-casino. Tout le luxe possible et toutes les incitations à dépenser de l'argent, des courses, des jeux de hasard, de jolies femmes de toutes nationalités et de caractère facile, magnifiquement vêtues et couvertes de bijoux, aux côtés des porteurs de certains des noms les plus fiers de France. Il raconte qu'il y a cinquante ans à peine, il s'était rendu à Deauville avec le duc de Morny, la princesse Metternich et la comtesse de Pourtéles pour inaugurer la nouvelle abreuvoir, alors des plus simples. Les dames étaient mal logées dans un soi-disant hôtel et lui avait une chambre dans une cabane de pêcheur.

Le maréchal MacMahon possédait cette année-là une maison près de Trouville, et il venait de temps en temps voir W., toujours à cheval et de bon matin. W. avait l'habitude de se démener pour se vêtir lorsqu'on annonçait « M. le Maréchal ». Je pense que le maréchal préférait beaucoup son titre militaire à ses honneurs civiques. Je suppose qu'il n'y a jamais eu de président de république aussi réticent, sauf bien des années plus tard Casimir Périer, qui détestait certainement la « prison de l'Elysée », mais le maréchal était un soldat et sa discipline militaire l'a aidé à traverser de nombreuses positions difficiles. Nous avons eu plusieurs visiteurs qui sont venus vingt-quatre heures, dont une charmante visite du marquis de Vogüé, alors ambassadeur de France à Vienne, où il était très apprécié, persona grata en tous points. Il était très grand, d'apparence distinguée, tout à fait le type d'ambassadeur. Quand je suis allé inspecter sa chambre, j'ai été plutôt frappé par la brièveté du lit – je ne pensais pas que ses longues jambes pourraient un jour y entrer. Le voiturier m'a assuré que tout allait bien, que le lit était normal, mais je doute qu'il ait passé une nuit très confortable. Lui et W. étaient de vieux amis, avaient voyagé ensemble en Orient et discuté de tous les sujets possibles au cours de longues nuits étoilées dans le désert. Ils n'auraient certainement jamais imaginé qu'un jour ils seraient étroitement associés en tant qu'ambassadeur et ministre des Affaires étrangères. Vogüé n'aimait pas la République, ne croyait pas à la capacité ni à la sincérité des Républicains – il ne comprenait pas comment W. pouvait le faire. Il était un ami personnel du maréchal, resta à Vienne pendant la présidence du maréchal, mais partit avec lui, au grand regret de W., qui savait quels bons services il avait rendu à Vienne et quel poste difficile ce serait pour un diplomate improvisé. C'était alors, et je pense qu'il est toujours, l'un des tribunaux les plus rigides d'Europe. On entend des histoires amusantes de la part de certains diplomates sur l'étiquette rigide des milieux judiciaires, que les Américains ont toujours enfreint. Une de mes grandes amies, une Américaine qui avait vécu toute sa vie à l'étranger et dont le mari était membre du corps diplomatique à Vienne, s'inquiétait toujours des méfaits des Américains qui ne prêtaient jamais attention aux règles ou à l'étiquette de la cour. Ils envahissaient les cercles enchantés, s'approchaient hardiment des archiducs et des duchesses, leur causant gaiement et facilement sans attendre qu'on leur parle, leur donnant beaucoup d'informations sur tous les sujets, autrichiens comme américains, et intéressaient probablement les très raides Autrichiens. beaucoup plus de redevances que le diplomate ordinaire formé, qui serait naturellement plus correct dans son attitude et sa conversation. Je pense que la nationalité américaine est la plus pratique au monde. Les Américains font ce qu'ils veulent et personne n'est jamais surpris. L'explication est assez simple : « Ce sont des Américains ». J'ai souvent remarqué de petits défauts de manières ou de politesse qui choqueraient chez un représentant d'une civilisation plus ancienne, passeraient tout à fait inaperçus ou provoqueraient simplement un sourire d'amusement.

Nous avons beaucoup circulé — la campagne derrière Deauville, en s'éloignant de la mer, est belle — très semblable à l'Angleterre — de charmantes routes étroites avec de hauts talus et des haies de chaque côté — de grands arbres aux branches étalées se rejoignant au-dessus de nous — des étendues d'eau. des champs verdoyants avec des vaches qui paissent tranquillement et des chevaux et des poulains qui gambadent. C'est un grand pays de pâturage et d'élevage. Il existe de nombreux haras (écuries d'élevage) dans le quartier et les grandes affiches normandes sont très demandées. J'ai des amis qui n'emmènent jamais leurs chevaux à la campagne. Ils louent pour la saison un couple de chevaux normands robustes qui montent et descendent toute la journée au même rythme régulier et qui parcourent de vastes étendues de pays. Nous nous arrêtions une ou deux fois lorsque nous étions un grand groupe, deux ou trois voitures, et prenions le thé dans l'une des nombreuses fermes éparpillées un peu partout. Faire bouillir de l'eau était une difficulté — du lait, du cidre, du bon pain et du beurre, du fromage qu'on trouvait toujours — parfois une galette, mais une bouilloire et de l'eau bouillante étaient tout à fait hors de leurs habitudes. Ils faisaient bouillir l'eau dans une grande marmite noire et la retiraient avec une grande cuillère. Cependant, cela nous a amusé et l'eau a vraiment bouilli.

Nous avions un ami italien, le comte A., qui nous accompagnait quelquefois, et il était très débrouillard, se faisait tout de suite délicieux à la fermière et obtenait tout ce qu'il voulait : chaises et tables disposées sur l'herbe, avec toutes les vaches et des poulains et des poules se promenaient sans être dérangés par les images et les sons inhabituels. Tout cela était très rustique et cela changeait délicieusement des gloires de l'exposition et de la vie officielle. Cela m'amusait parfaitement de voir W. avec un chapeau de paille, assis sur un tabouret à trois pieds un peu branlant, mangeant du pain, du beurre et de la confiture. Une ou deux fois, quelques secrétaires de W. lui apportèrent des dépêches, et il passa une bonne matinée de travail, mais dans l'ensemble le mois se passa paresseusement et agréablement.

Nous retournâmes à Paris vers le 10 septembre et y restâmes jusqu'à la fin de l'exposition. Paris était de nouveau rempli d'étrangers : le mois d'octobre était beau, clair et chaud, et les après-midi d'exposition étaient délicieuses en fin

de journée, quand la foule s'était un peu dispersée et que les derniers rayons
du soleil couchant s'attardaient. les collines de Meudon et la rivière. Les
bâtiments et les costumes perdaient leur aspect sordide, et l'on ne voyait plus
qu'une masse de couleurs mouvantes, qui semblaient s'adoucir et se perdre
dans les ombres du soir. Il y a eu diverses animations de clôture. Le maréchal
donna une fête splendide à Versailles. Nous sommes partis et avons eu
quelques difficultés à nous frayer un chemin parmi la foule de voitures, de
soldats, de policiers et de spectateurs qui bordaient la route. C'était une vue
magnifique alors que nous approchions du palais, qui était un éclat de
lumière. Les terrasses et les jardins étaient également éclairés, et l'effet des
petites lampes cachées dans les branches des vieux arbres, taillées en toutes
sortes de formes fantastiques, était tout à fait merveilleux. Il n'y avait pas
autant de monde à l'entrée du palais que nous l'espérions, car les invitations
avaient été très généreusement adressées à toutes les nationalités. Au début,
les pièces brillamment éclairées semblaient presque vides. La célèbre Galerie
des Glaces était tout à fait enchanteresse, presque trop claire, s'il peut y avoir
trop de lumière dans une fête. Il y avait très peu de monde lorsque nous
arrivâmes un peu de bonne heure, si bien que lorsque je disais à M. de L., un
des aides de camp du maréchal : « Comme il est parfaitement beau, même
maintenant, vide ; le sera-t-il lorsque tous les uniformes et les bijoux se
refléteront dans les miroirs", sa réponse fut : "Ah, Madame, j'ai peur que nous
n'ayons pas assez de monde, la salle est tellement immense."

J'ai pensé à lui plus tard, alors qu'une foule en colère se pressait aux portes
d'un des salons où les rois prenaient un rafraîchissement. Je ne pense pas
qu'ils aient réalisé, et nous ne l'avons certainement pas compris, ce que
signifiait ce bruit, mais certains membres de la maison du maréchal, qui
savaient qu'il n'y avait qu'une légère séparation temporaire entre nous et une
foule en colère, se débattant dans l'escalier, étaient verts. avec anxiété.
Cependant, les redevances s'enfuirent toutes sans aucune difficulté, et nous
essayâmes de nous précipiter immédiatement après elles, mais une foule
dense se pressait alors dans la salle à chaque extrémité, et pendant un moment
les choses parurent laides. Ces messieurs, mon mari et mon beau-frère,
Eugene Schuyler, Lord Lyons, ambassadeur britannique (un grand homme
aux épaules carrées), et un ou deux autres, nous ont mis, ma sœur Schuyler
et moi, dans un coin d'une chambre. des grandes fenêtres, avec des meubles
lourds devant nous, mais ce n'était pas très agréable - avec la foule qui se
déplaçait dans les deux sens et se rapprochait de nous - et les hommes
devenaient nerveux, alors une de nos secrétaires se faufila dans la foule et
trouva deux ou trois huissiers, sommes revenus avec eux, et nous avons fait
une procession : deux gros huissiers devant, avec leurs chaînes et leurs épées
d'argent, marque de statut officiel, qui impressionne toujours une foule
française, puis Lord Lyons, ma sœur, et moi. , puis W. et Schuyler, et deux
autres hommes derrière nous – et avec beaucoup de difficulté et de

nombreuses protestations colériques, nous sommes sortis. Heureusement, nos voitures et nos domestiques avec nos couvertures attendaient dans une des cours intérieures, et nous nous enfuîmes assez facilement, mais la soirée fut désastreuse pour la plupart de la compagnie.

Il a dû y avoir un malentendu entre la maison du maréchal et les fonctionnaires de Versailles, puisqu'un seul escalier (et il y en a plusieurs) était ouvert au public, ce qui était bien entendu absolument insuffisant. La raison pour laquelle d'autres n'ont pas été ouvertes et éclairées restera toujours un mystère. Tout le monde s'est retrouvé coincé dans l'escalier étroit - les gens se sont bousculés et se sont précipités les uns sur les autres - certaines femmes se sont évanouies et ont été transportées, portées très haut au-dessus des têtes des multitudes en lutte, et beaucoup de gens n'ont plus jamais revu leurs manteaux. Le vestiaire fut pris d'assaut - des manteaux de satin et de dentelle gisaient par terre, piétinés par tout le monde, et à la fin, divers hommes n'ayant pas retrouvé leurs manteaux s'ébattaient dans des manteaux de satin rose doublés de duvet de cygne - plus leurs épaules. Un grand nombre de personnes ne sont jamais entrées dans le palais, pas même dans les escaliers. Le palier était juste en face de la salle où les princes tenaient leur buffet — et s'ils avaient réussi à forcer la porte, cela aurait été une catastrophe. Tandis que nous étions debout à la fenêtre, regardant le parc qui ressemblait à un jardin enchanté, avec ses lumières et ses fleurs, nous nous demandions si nous pourrions sauter ou descendre si la foule nous pressait trop, mais c'était trop haut et là il n'y avait pas de balcons en saillie pour servir de tremplins. Ce fut une expérience très désagréable.

Nous donnions un bal au Quai d'Orsay quelques soirs après, et nous avions aussi demandé à beaucoup de monde : tous les ambassadeurs envoyaient de très grandes listes d'invitations qu'ils voulaient pour leurs compatriotes, mais la plus grande était celle envoyée par le ministre américain. Les invitations envoyées à la Légation des États-Unis (comme c'était alors le cas) étaient quelque chose de fabuleux. Il me semblait que tous les États-Unis étaient à Paris et s'attendaient à se divertir. C'est une position très difficile pour le représentant américain dans ces occasions. Tout le monde ne peut pas être invité aux différents divertissements et les distinctions sont très difficiles à faire. Nous avons vécu des expériences amusantes. W. avait une lettre d'un de ses amis anglais, Lord H., disant qu'il venait à Paris pour les fêtes, avec ses deux filles, et qu'il aimerait beaucoup être invité à certaines des soirées de l'Elysée et du ministères. W. répondit en disant qu'il ferait ce qu'il pourrait et ajouta que nous devions avoir deux grands dîners et réceptions, l'un avec la Comédie Française ensuite et l'autre avec de la musique, auquel ils viendraient. Lord H. répondit aussitôt : « aux deux ». C'était drôle, mais cela ne faisait vraiment aucune différence. Quand on a cent personnes à dîner, on peut très bien en avoir cent trois, et dans de si grandes fêtes, organisées des semaines à l'avance, il y a toujours quelqu'un qui cède au dernier moment.

Nous avons eu de nombreuses discussions dans le cabinet de W. avec deux de ses secrétaires, particulièrement occupés des invitations à notre bal. Le Parlement était bien sûr invité (le peuple souverain), mais c'était une autre question pour les femmes, épouses des sénateurs et des députés. Nous sommes finalement parvenus à une solution en invitant uniquement les épouses que je connaissais. Nous avons eu une réponse indignée d'un monsieur : "MX, Député, ne valsant qu'avec sa femme, à l'honneur de renvoyer la carte d'invitation que le Ministre des Affaires Etrangères et Madame Waddington lui ont envoyé pour la soirée du 28". ...." (Monsieur X., Député, qui ne valse qu'avec son épouse, a l'honneur de renvoyer la carte d'invitation que le Ministre des Affaires Etrangères et Madame Waddington lui ont adressée pour la fête du 28...) Il a été décidé à l'unanimité qu'il faut inviter le couple — un gentleman qui n'allait au bal que pour danser avec sa femme doit être encouragé à avoir une conduite aussi exemplaire. Un autre était drôle aussi, dans un style différent : « Madame K., étant au ciel depuis quelques années, ne pourrait pas se rendre à la gracieuse invitation que le Ministre des Affaires Etrangères et Madame Waddington ont bien voulu lui adresser. 'y rendront avec plaisir."... (Madame K., étant au paradis depuis quelques années, ne peut accepter l'aimable invitation du ministre des Affaires étrangères et de Madame Waddington. M. K. viendra avec plaisir.) Nous avons gardé les lettres en nos archives avec bien d'autres spécimens curieux. La maison fut livrée aux ouvriers deux ou trois jours avant le bal. En gardant à l'esprit le souvenir de l'escalier de Versailles, nous tenions à ce qu'aucun contretemps d'aucune sorte ne vienne gêner notre divertissement. Les deux entrées ont été aménagées et l'ancien ascenseur (qui ne fonctionnait pas depuis des années) a été remis en ordre. On m'avait suggéré une ou deux fois de l'utiliser, mais comme j'avais toujours entendu une histoire horrible de Madame Drouyn de l'Huys, lorsque son mari était ministre des Affaires étrangères, suspendue dans l'espace pendant quatre ou cinq heures entre les deux étages, Je n'étais pas enclin à répéter cette expérience.

Mon souvenir de l'entrée inférieure et de l'escalier, que nous n'avons jamais utilisés, était celui d'un coin plutôt sombre et crasseux, et j'ai été étonné le matin du bal de voir la transformation. Les draperies, les tapisseries, les drapeaux et les plantes vertes avaient fait des merveilles, et l'ascenseur avait l'air tout à fait charmant avec ses tentures et ses coussins en velours rouge. Je ne pense pas que quiconque l'ait utilisé. Nous avions invité nos invités à neuf heures trente, car les princes avaient dit qu'ils viendraient à dix heures. J'étais prêt vers neuf heures, et je pensais descendre par l'entrée inférieure, afin de jeter un coup d'œil à l'escalier et à toutes les pièces avant que personne n'arrive. Il y avait déjà une telle foule dans les salles que je ne pouvais pas passer ; même mon fidèle Gérard n'a pas pu faire un passage. Nous fûmes obligés de faire venir deux huissiers, qui me firent place avec peine. W. et son équipe étaient déjà dans le salon réservé, donnant les dernières instructions. Les domestiques nous racontèrent que depuis huit heures il y avait foule aux portes qu'ils ouvraient un peu avant neuf heures, et qu'un flot de monde affluait. Le salon réservé avait un ruban bleu tendu de porte en porte sur l'entrée. , et était gardé par des huissiers, des vieux gens qui connaissaient tout le monde dans le monde diplomatique et officiel, et ne laissaient entrer personne qui n'avait pas le droit de pénétrer dans le cercle enchanté (qui devint bien sûr la seule pièce où tout le monde voulait aller). Il y avait aussi un ou deux membres du cabinet de W. toujours postés près des portes pour veiller à ce que les instructions soient respectées.

Je pense que le salon réservé n'existe plus, le ruban bleu certainement pas. Le flot croissant de démocratie et d'égalité ne se soumettrait pas à une telle barrière. Je me souviens très bien d'une belle femme debout pendant un certain temps juste du mauvais côté du ruban. Elle était si belle que tout le monde la remarquait, mais elle n'avait aucun rang officiel ni aucun droit d'aucune sorte pour entrer dans le salon réservé : personne ne la connaissait, bien que tout le monde se demandait qui elle était. Elle fit finalement son entrée dans la chambre au bras d'un des membres du corps diplomatique, une jeune secrétaire, une de ses amies, qui ne pouvait lui refuser ce qu'elle désirait tant. Elle était certainement la plus belle femme de la pièce, à l'exception de l'actuelle reine Alexandra, qui était toujours la plus belle et la plus distinguée où qu'elle se trouve.

Les royalties n'ont pas beaucoup dansé. Nous avons eu le quadrille d'honneur régulier avec les princes et princesses de Galles, du Danemark, de Suède, la comtesse de Flandre et d'autres. Aucun des princes français n'est venu au bal. Il y avait beaucoup de monde, mais comme les invités de marque restaient tout le temps dans le salon réservé, ils n'en furent pas incommodés. Juste avant le dîner, servi autour de petites tables rondes dans une salle donnant sur la rotonde, feu le roi du Danemark, alors prince héritier, frère de la princesse de Galles, m'a dit qu'il aimerait monter à l'étage pour tout voir. Les chambres; il avait toujours entendu dire que le Palais d'Orsay était une belle maison. Nous avons fait une progression difficile mais majestueuse à travers les pièces. L'escalier était un joli spectacle, recouvert d'un tapis rouge, de tapisseries aux murs et d'une quantité de jolies femmes de toutes nationalités groupées sur les marches. Nous avons traversé les pièces, où il y avait autant de monde qu'en bas, un orchestre, un dîner, des gens qui dansaient, comme une autre fête. Nous nous arrêtâmes quelques minutes dans mon petit salon, au fond de la longue suite de pièces. Cela avait l'air tout à fait charmant, avec les murs en brocart bleu et les quantités de roses roses posées dans de hauts vases en verre. Je lui ai proposé de prendre l'ascenseur pour descendre, mais le prince a préféré marcher (moi aussi). C'était encore plus difficile de traverser la foule en bas : nous avions toute la longueur de la maison à traverser. Plusieurs femmes se tenaient sur des chaises au passage, dans l'espoir d'apercevoir une des princesses, mais elles étaient sagement restées dans le salon réservé et craignaient de s'aventurer dans la foule.

Le souper était une préoccupation sérieuse pour les jeunes secrétaires du ministère, qui avaient beaucoup de peine à garder cette salle privée. Bien avant l'heure du souper, quelques esprits entreprenants avaient découvert que les royalties devaient souper dans cette salle, et trouvant les secrétaires tout à fait inaccessibles aux suggestions des « gens qui avaient le droit d'entrer » — présidents de commissions et diverses autres distinctions — avaient on eut recours aux domestiques, et diverses pièces d'or circulèrent, qui cependant n'atteignirent pas leur but. Les secrétaires disaient qu'ils avaient plus de peine avec les chambellans des différents princes qu'avec les princes eux-mêmes ; ils voulaient tous souper dans la salle particulière, et étaient beaucoup plus tenaces que leurs maîtres royaux pour avoir une bonne place, ou la place qu'ils croyaient leur être due. Le souper fut très gai – le prince de Galles (feu roi Édouard) parfaitement charmant – parlant à tout le monde, se souvenant de chacun avec cette manière extraordinairement gracieuse qui faisait de lui des amis dans toutes les classes. Immédiatement après le souper, les princes, les étrangers distingués et W. partirent. Je restai encore environ une heure et allai voir la salle de bal. Il y avait encore du monde, les gens dansaient fort, et quand finalement, vers deux heures, je me retirai dans mes quartiers, je m'endormis au son des valses et de la musique de danse jouée par les deux orchestres. Les festivités se sont poursuivies toute la nuit. Chaque fois que je me réveillais, j'entendais des notes de musique. Le dîner dura jusqu'à sept heures du matin. Notre fidèle Kruft nous raconta qu'il ne restait absolument plus rien sur les tables et qu'ils durent presque forcer les gens à sortir, leur expliquant que l'invitation à un bal ne s'étendait généralement pas jusqu'au petit-déjeuner du lendemain matin.

Il y eut une grande clôture officielle de l'exposition à la fin de novembre, avec une distribution de prix - la ville encore très pleine et très gaie - des escortes et des uniformes dans toutes les directions - les Champs-Elysées brillants de soldats - des équipages de toutes sortes, et tout l'après-midi une foule de gens assis sous les arbres, très intéressés par tout ce qui se passait, surtout quand passaient des voitures avec des gens aux costumes étrangers et frappants. Les Chinois portaient toujours leur costume ; les grands oiseaux de paradis jaunes sont devenus une caractéristique importante du défilé de l'après-midi. Une princesse indienne également, entièrement vêtue de blanc – un tissu doux et collant, avec un voile blanc qui ne recouvrait *pas* son visage et retenu par un bandeau doré faisant le tour de la tête – était également toujours très admirée. De temps en temps, il y avait un grand bruit de chevaux au trot et des sabres tintants, quand passait une escorte de dragons, escortant quelque prince étranger à l'Elysée pour faire sa visite solennelle au maréchal. Tout le monde avait l'air gay - les Français aiment tant les spectacles - et c'était amusant de voir l'intérêt que chacun prenait au flux constant de gens, depuis la femme à la mode se rendant au Bois dans sa victoria jusqu'aux ouvriers qui se tenaient en groupe. aux coins des rues, certains avec parfois un enfant sur les épaules. Les Français de toutes les classes sont bons avec les enfants. Un dimanche ou un jour de fête, quand des familles entières reviennent d'une journée au Bois, on voit souvent un jeune mari faire rouler une voiture d'enfant, ou porter un bébé dans ses bras pour laisser se reposer la pauvre mère. Il était curieux, à la fin de l'exposition, de voir avec quelle rapidité tout était enlevé (beaucoup de choses avaient été vendues) ; et en quelques jours le Champ de Mars reprit le même aspect qu'il avait au début du mois de mai : des charrettes et des camions lourds partout, des océans de boue, des lignes de trous noirs où avaient été plantés des arbres et des poteaux, et le même des groupes de petits sudistes grelottants, tous serrés les uns contre les autres, enveloppés dans de merveilleux manteaux et couvertures, complètement paralysés par le froid. Je ne sais pas si l'exposition a été un succès financier — je pense que non. Beaucoup d'argent entra en France (mais les Français dépensèrent énormément pour leurs préparatifs) mais l'effet moral fut certainement bon : le monde entier afflua à Paris. Les taxis et les bateaux à vapeur faisaient un commerce florissant, tout comme tous les restaurants et cafés des banlieues. Saint-Cloud, Meudon, Versailles, Robinson étaient bondés chaque soir de gens assoiffés d'air et de nourriture après de longues journées chaudes dans la poussière et les luttes de l'exposition. Nous y avons dîné une ou deux fois, mais ce n'était certainement ni agréable ni confortable, même dans les restaurants les plus chers. Ils étaient tous surpeuplés, le service était très mauvais, mal éclairés et la nourriture généralement mauvaise. Il y avait divers repas nationaux, russes, italiens, etc., mais je n'y participai jamais, sauf une fois au restaurant américain, où je pris un matin un très bon petit déjeuner, avec de délicieuses gaufres préparées par un cuisinier nègre. J'étais plutôt content une fois l'exposition terminée. On avait le sentiment qu'il fallait voir le plus de choses possible, et il y avait de belles choses, mais c'était très fatigant de se débattre dans la foule, et nous perdions invariablement la voiture et nous nous trouvions à la mauvaise entrée, et nous devions attendre des heures. pour un taxi. Tiffany a eu un grand succès auprès des Français. Beaucoup de mes amis lui ont acheté des souvenirs de l'exposition. Son travail était très original, fantaisiste et très différent de l'argenterie classique, plutôt rigide, lourde, que l'on voit dans ce pays.

IX

M. WADDINGTON COMME PREMIER MINISTRE

Il y avait eu un répit, une sorte de trêve armée, dans les milieux politiques aussi longtemps que durait l'exposition, mais lorsque les Chambres se réunirent à nouveau en novembre, il devint évident que les choses n'allaient pas sans heurts. Les Républicains et les Radicaux étaient mécontents. Chaque jour, il y avait des discours et des insinuations contre le maréchal et son gouvernement, et l'on sentait qu'une crise était imminente. Il n'y avait pas assez de pains et de poissons pour tout le parti radical. A les écouter, il semblerait que chaque préfet et chaque général conspiraient contre la République. Il y eut de longues consultations dans le cabinet de W., et j'allais souvent chez nous, rue Dumont d'Urville, pour voir si tout y était en ordre, car je m'attendais bien à y retourner pour Noël. Le point culminant fut atteint lorsqu'on demanda au maréchal de signer la déposition de certains généraux. Il refusa catégoriquement : les ministres persistèrent dans leurs revendications. Il n'y eut pas beaucoup de discussions, le maréchal fut décidé et le 30 janvier 1879, il annonça en Conseil des Ministres sa décision irrévocable et remit à ses ministres sa lettre de démission.

Nous déjeunions mélancoliquement, W., le comte de P. et moi, le dernier jour de la présidence du maréchal. W. était très bleu, il était sûr que le maréchal allait démissionner et prévoyait toutes sortes de complications, tant au pays qu'à l'étranger. La journée était également sombre, grise et froide, même les grandes salles du ministère étaient sombres. Dès leur départ pour Versailles, j'ai emmené bébé et je suis allé chez maman. En traversant le pont, je me demandais combien de fois je devrais encore le traverser et si à la fin de la semaine je me verrais de nouveau installé dans ma propre maison. Nous avons circulé, pris le thé ensemble et je suis rentré au Quai d'Orsay vers six heures. Ni W. ni le comte de P. n'étaient revenus de Versailles, mais il y avait deux télégrammes, le premier disant que le maréchal avait démissionné, le second que Grévy était nommé à sa place, à une large majorité.

[Illustration : M. Jules Grévy, lisant la lettre de démission du maréchal MacMahon à la Chambre des députés. Tiré de *L'Illustration* , 8 février 1879.]

W. était plutôt déprimé quand il rentrait chez lui - il avait toujours une grande sympathie et un grand respect pour le maréchal et était très désolé de le voir partir - pensait que son départ compliquerait les affaires étrangères. Tant que le maréchal était à l'Elysée, les gouvernements étrangers n'avaient pas peur des coups d'État ni des révolutions. Il regrettait aussi que Dufaure ne reste pas, mais c'était un vieil homme, qui en avait assez de la vie politique et des luttes de parti et qui laissait le champ aux hommes plus jeunes. La lettre du maréchal fut aussitôt communiquée au Parlement, et les chambres se réunirent dans l'après-midi. Il y eut une courte séance pour entendre la lecture de la lettre du maréchal (par Grévy à la Chambre des députés) et les deux chambres, Sénat et Chambre des députés, furent convoquées plus tard dans l'après-midi. Il n'y a pas eu beaucoup d'émotion, deux ou trois noms ont été prononcés, mais chacun était sûr que Grévy serait l'homme. Il a été nommé à une large majorité et les républicains jubilaient, pensant que la République était enfin établie sur des bases solides et appropriées. Grévy était parfaitement calme et maître de lui, ne manifestait pas beaucoup d'enthousiasme. Il a dû être sûr dès le premier instant qu'il serait nommé. Son premier visiteur fut le maréchal, qui lui souhaita tout le succès possible dans sa nouvelle mission, et, si Grévy était heureux d'être président de la République, le maréchal était encore plus heureux de ne pas l'être et de reprendre sa vie privée. .

Il y eut de nombreuses spéculations sur qui serait chargé par Grévy de former son premier cabinet — et des réunions quasi permanentes dans tous les groupes de gauche. Les amis de W. disaient tous qu'il resterait certainement au ministère des Affaires étrangères, mais cela dépendait naturellement du choix du premier ministre. S'il était pris dans les rangs les plus avancés de la gauche, W. ne pourrait pas rester. Nous ne sommes pas restés longtemps en suspens. W. eut un ou deux entretiens avec Grévy, qui lui valurent de rester au ministère des Affaires étrangères, mais comme premier ministre. W. hésita au début, estimant que ce ne serait pas une tâche facile de maintenir ensemble tous ces éléments très contradictoires. Il y avait quatre protestants au ministère, W., Léon Say, de Freycinet et Le Royer. Jules Ferry, qui prit le ministère de l'Instruction publique, un homme très intelligent, était pratiquement un libre penseur, et le Parlement était décidément plus avancé. Les dernières élections avaient donné une forte majorité républicaine au Sénat. Il consulta son frère, Richard Waddington, alors député, puis sénateur, président de la Chambre de Commerce de Rouen, et quelques-uns de ses amis, et se décida finalement à accepter la position très honorable, mais très onéreuse, et resta au Affaires étrangères avec Grévy, comme premier ministre.

Si je l'avais peu vu auparavant, je ne le voyais plus maintenant, car son travail était exactement doublé. Nous prenions le petit déjeuner ensemble, mais c'était un repas très irrégulier, parfois à midi, parfois à une heure trente, et très rarement seuls. Nous dînions toujours au restaurant ou avions des gens à dîner avec nous, de sorte que la vie de famille devenait un rêve du passé. Nous allions très rarement ensemble lorsque nous dînions au restaurant. W. était toujours en retard : son coupé attendait des heures au tribunal. J'avais ma voiture et je partais seul. Après huit ou dix jours de repas irréguliers à des heures impossibles (nous dînions souvent à neuf heures trente), je dis au comte de P., chef de cabinet de W. : « Ne pouvez-vous pas vous arranger pour avoir affaire un peu plus tôt ? C'est affreux de dîner si tard et d'attendre si longtemps », ce à quoi il répondit : « Ah ! madame, personne ne peut être plus désireux que moi de changer cet ordre des choses, car lorsque le ministre dîne à neuf heures trente, le le chef de cabinet reçoit son dîner à dix heures trente. Nous parvenions effectivement à obtenir des horaires un peu plus satisfaisants au bout d'un certain temps, mais il était toujours difficile de retirer W. de son travail si c'était quelque chose d'important. Il est devenu absorbé et absolument inconscient du temps.

Le nouveau président Grévy s'installe aussitôt à l'Elysée avec sa femme et sa fille. On spéculait beaucoup sur Mme Grévy, personne ne l'avait jamais vue, elle était absolument inconnue. Lorsque Grévy était président de l'Assemblée nationale, il donnait des dîners d'hommes très agréables, où Madame Grévy ne paraissait jamais. Tout le monde (de toutes opinions) était ravi d'aller le voir, et la conversation était des plus brillantes et intéressantes. Grévy était un hôte parfait, très cultivé, doté d'une merveilleuse mémoire, citant des pages de classiques, français et latins.

Madame Grévy a toujours été décrite comme une personne calme et sans prétention, occupée aux tâches domestiques, qui détestait la société et ne sortait jamais ; en fait, personne n'a jamais entendu prononcer son nom. Beaucoup de gens ne savaient pas que Grévy avait une femme. Lorsque son mari devient président de la République, on discute beaucoup sur le statut social de Madame Grévy dans le monde officiel. Je ne pense pas que Grévy souhaitait qu'elle apparaisse ni qu'elle participe à la nouvelle vie, et elle ne le voulait certainement pas. Rien dans son ancienne vie ne l'avait préparée à un tel changement, et cela représentait toujours un effort pour elle, mais tous deux ont été rejetés par leurs amis, qui pensaient qu'une femme était un élément nécessaire du poste. Il fallut peu de temps avant qu'ils ne s'installent à l'Elysée. W. demanda une ou deux fois à Grévy quand Madame Waddington pourrait rendre visite à sa femme, et il répondit que dès qu'ils seraient bien installés, je recevrais un avis. Un jour, une communication arriva de l'Elysée disant que Mme Grévy recevrait le corps diplomatique et les femmes des ministres à jour fixe à cinq heures. Le message fut transmis au corps diplomatique, et lorsque j'arrivai au jour fixé (tôt, car je voulais voir les gens entrer, et je pensais aussi qu'il fallait présenter les dames étrangères), il y avait déjà plusieurs voitures dans la cour.

[Illustration : M. Jules Grévy élu Président de la République par le Sénat et la Chambre des Députés réunis en Assemblée Nationale. Tiré de *l'Illustration*, 8 février 1879.]

L'Elysée était tel qu'il était au temps du maréchal : beaucoup de domestiques en livrée de gala, deux ou trois huissiers qui connaissaient tout le monde, des palmiers, des fleurs, partout. Les traditions du palais se perpétuent d'un président à l'autre et un personnel permanent de serviteurs demeure. Nous trouvâmes madame Grévy avec sa fille et une ou deux dames, épouses, je suppose, des secrétaires, assises dans le salon bien connu aux belles tapisseries, madame Grévy dans un grand fauteuil d'or au fond de la pièce. une rangée de fauteuils dorés de chaque côté du sien, mademoiselle debout derrière sa mère. Un huissier annonçait chacun distinctement, mais les noms et les titres ne disaient rien à Mme Grévy. Elle était grande, d'âge moyen, joliment habillée et visiblement nerveuse — elle faisait de nombreux gestes lorsqu'elle parlait. C'était amusant de voir tout le monde arriver. Je n'avais rien à faire, il n'y avait pas de présentations, tout le monde était annoncé, et tout le monde marchait droit vers Mme Grévy, qui était très polie, se levait pour tout le monde, hommes et femmes. C'était plutôt un cercle imposant qui se formait autour d'elle : d'un côté était assise la princesse Hohenlohe, ambassadrice d'Allemagne, de l'autre la marquise Molins, ambassadrice d'Espagne. Il n'y avait pas beaucoup d'hommes : Lord Lyons, comme doyen du corps diplomatique, le nonce, et bon nombre de représentants des républiques sud-américaines. Madame Grévy était parfaitement déconcertée et essayait de parler aux dames à côté d'elle, mais c'était une réception intimidante pour tout le monde, et elle n'avait personne pour l'aider, car elles étaient toutes très nouvelles dans ce métier. Ce fut évidemment un immense soulagement pour elle lorsqu'une dame du monde officiel entra, qu'elle avait connue auparavant. Les deux dames se lancèrent aussitôt dans une conversation très animée sur leurs enfants, leurs maris et diverses affaires domestiques, conversation tout à fait naturelle, mais sans intérêt pour les dames étrangères.

Nous n'avons pas fait une très longue visite, c'était simplement une question de forme. Lord Lyons est venu avec moi, et nous avons eu une longue conversation pendant que j'attendais ma voiture dans l'antichambre. Il était toujours si sensé dans ses relations avec le monde officiel, parfaitement conscient que la situation était difficile et éprouvante pour Mme Grévy — elle l'aurait été pour n'importe qui jeté immédiatement et sans aucune préparation dans un environnement aussi parfaitement différent. Il avait une certaine expérience des républiques et des mœurs républicaines, puisqu'il avait passé quelques années à Washington en tant que ministre britannique, et avait souvent vu des épouses d'hommes d'État et de ministres américains, fraîchement arrivées de l'Extrême-Ouest, commencer leur carrière à Washington, assez déconcertées par la situation. nouveauté en tout et totalement ignorant de toutes les questions d'étiquette - seulement il a dit que les femmes américaines étaient bien plus adaptables que les Françaises ou les Anglaises - ou que toutes les autres femmes du monde, en fait. Il a aussi dit ce jour-là, et je l'ai entendu le répéter une ou deux fois depuis, qu'il *n'avait jamais* rencontré une stupide Américaine….

J'ai toujours pensé qu'il n'était pas nécessaire d'insister sur la présence de Madame Grévy à l'Elysée. Il est très difficile pour une femme, déjà très jeune, de commencer une vie entièrement nouvelle dans un milieu parfaitement différent, et certainement plus difficile pour une Française de la bourgeoisie que pour une autre. Ils vivent dans un cercle si étroit, leur vie est si exiguë et sans intérêt ; ils connaissent si peu la société et les mœurs étrangères qu'ils doivent souvent se sentir mal à l'aise et commettre des erreurs. C'est très différent pour un homme. Toutes les petites questions de tenue vestimentaire, de manières, etc., n'existent pas pour lui. Un homme en habit et cravate blanche ressemble beaucoup à un autre, et les hommes de toutes conditions sont polis avec une femme. Quand un homme est intelligent, personne ne remarque si son habit et son gilet sont trop larges ou trop courts et si ses bottes sont maladroites.

Madame Grévy n'a jamais eu l'air heureuse à l'Elysée. Ils avaient un grand dîner tous les jeudis, suivi d'une réception, et elle avait l'air si fatiguée lorsqu'elle était assise sur le canapé, dans le salon diplomatique, faisant la conversation aux étrangers et aux gens de toutes sortes qui venaient à leurs réceptions, qu'on avait l'impression vraiment désolé pour elle. Grévy a toujours été une personnalité marquante. Il avait une belle tête, des manières calmes et dignes, et avait très bonne mine lorsqu'il se tenait à la porte pour recevoir ses invités. Je ne pense pas qu'il se souciait beaucoup des affaires étrangères – il était essentiellement français – n'avait jamais vécu à l'étranger ni connu d'étrangers. Il était trop intelligent pour ne pas comprendre qu'un pays doit avoir des relations extérieures et que la France doit reprendre sa place de grande puissance, mais la politique intérieure l'intéressait bien plus que toute autre chose. C'était un charmant causeur : tout le monde voulait lui parler, ou plutôt l'écouter. Les soirées étaient assez agréables dans le salon diplomatique. C'était intéressant de voir l'attitude des différents diplomates. Tous avaient raison, mais la plupart d'entre eux étaient visiblement hostiles à la République et aux Républicains (qu'ils considéraient comme beaucoup plus accentués depuis la nomination de Grévy – les femmes un peu plus que les hommes). On sentait, si l'on n'entendait pas, les critiques sur la tenue vestimentaire, le comportement et le style général des dames républicaines.

[Illustration : Le Palais de l'Elysée, Paris]

Je n'ai pas bien compris leur vision de la situation. Ils étaient tous ravis de venir à Paris, et connaissaient parfaitement l'état des choses, quel abîme existait entre tout le parti conservateur, royalistes et bonapartistes, et le parti républicain, mais l'absence de tribunal ne faisait aucune différence dans leur position. Ils allaient à toutes les fêtes données au faubourg Saint-Germain, et toute la société venait chez eux. À de très rares exceptions près, ils ne faisaient que ce qui était nécessaire pour entretenir des relations avec le monde officiel. Je pense qu'ils ont commis une erreur, tant pour eux-mêmes que pour leurs gouvernements. La France traversait une phase entièrement nouvelle ; tout changeait, beaucoup de jeunes gens intelligents arrivaient au front, et il y avait des discussions intéressantes et habiles dans les Chambres et dans les salons des ministres et des députés républicains. J'ose dire que les nouvelles théories de la liberté et de l'égalité n'étaient pas favorables aux représentants qualifiés des tribunaux, mais le monde avançait, la démocratie était dans l'air, et on aurait pensé que cela aurait intéressé les étrangers à suivre le mouvement et à juger pour eux. eux-mêmes si la jeune République avait une chance de vivre. On peut difficilement imaginer un homme public ne souhaitant pas entendre tous les côtés d'une question, mais je pense *qu'au* début, il y avait une méfiance et une aversion si profondes à l'égard de la République qu'il était impossible de voir les choses équitablement. Je ne sais pas si cela importait beaucoup. À notre époque de voyages rapides et de téléphone, le rôle d'un ambassadeur est beaucoup moins important qu'autrefois où un ambassadeur avec sa nombreuse suite de secrétaires et de domestiques, voyageant par la poste, mettait des jours sur la route avant d'atteindre sa destination, et où toutes sortes de choses pourraient arriver, des royaumes et des dynasties seraient renversés dans l'intervalle. Désormais toutes les grandes mesures et négociations sont discutées et réglées dans les diverses chancelleries : l'ambassadeur se contente de transmettre ses instructions.

Je pense que les femmes étaient plutôt intransigeantes que les hommes. Un jour, dans mon salon, il y avait une vive discussion politique, et on entendait toutes les phrases connues : « le gouvernement infecte », « aucun gentleman ne pouvait servir la République », etc. Je n'y prêtais pas beaucoup attention... jamais fait; Je m'étais habitué à ce genre de conversation, et je savais exactement ce qu'ils allaient tous dire, lorsque j'entendis un de mes amis, américain d'origine, marié à un Français de très bonne vieille famille, prononcer la déclaration suivante : " Toute la canaille est Républicaine." C'en était vraiment trop, et je répondis : « Vous êtes bien indulgente pour l'Empire. Quand on pense aux aventuriers sans scrupules (pour ne pas employer un terme plus fort) et nécessiteux, qui ont fait le coup d'État et joué un grand rôle à la cour du Second Empire, c'était vraiment un peu surprenant d'entendre dire que les Républicains jouissait du monopole de la canaille. Cependant, je suppose que rien n'est aussi inutile qu'un débat politique (sauf peut-être un débat religieux). Personne ne convertit jamais quelqu'un d'autre. J'ai toujours entendu dire que le meilleur discours politique ne changeait jamais un vote.

La première personne qui divertit Grévy fut le prince Hohenlohe, l'ambassadeur d'Allemagne. Ils eurent un accueil brillant, des salles bondées, tout le monde officiel et un beau contingent du faubourg Saint-Germain. Le Président emmenait sa fille avec lui (Madame Grévy n'acceptait aucune invitation) et ils parcouraient les chambres bras dessus bras dessous, mademoiselle déclinant le bras du comte Wesdehlen, premier secrétaire de l'ambassade d'Allemagne.

Mais elle fut finalement convaincue d'abandonner le soutien paternel, et alors Wesdehlen l'installa dans un petit salon où Mollard, Introducteur des Ambassadeurs, la prit en charge et lui présenta un grand nombre d'hommes. Aucune femme ne demanderait à être présentée à une femme célibataire, ce qui rendait bien sûr sa situation difficile. Les quelques dames qu'elle avait déjà vues à l'Elysée venaient lui parler, mais ne restaient pas près d'elle, elle recevait donc vraiment presque seule avec Mollard. Grévy était dans une autre pièce, très entourée, comme toujours. Le corps diplomatique n'a pas ménagé ses critiques. Madame Grévy recevait tous les samedis après-midi, et j'y allais souvent, pas à chaque fois. C'était une drôle de réunion de gens, quelques femmes bizarrement vêtues et un ou deux hommes en veston et cravates blanches, toujours une pincée de diplomates. Le prince Orloff était souvent là, et si quelqu'un avait pu mettre à l'aise ce demi-cercle de femmes raides et timides, il l'aurait fait, avec son extraordinaire aisance dans ses manières et sa grande habitude du monde. Gambetta a été installé dans le courant du mois au Palais Bourbon, à côté de chez nous. Elle était brillamment éclairée tous les soirs, et mon chef me dit qu'un de ses amis, excellent cuisinier, était fiancé et qu'il y aurait de nombreux dîners. Le Palais Bourbon avait connu autrefois de grandes fêtes, lorsque le célèbre duc de Morny était président de la Chambre des Députés. Sous Napoléon III, ses divertissements étaient célèbres. Le monde entier, élégant, politique et diplomatique, se pressait dans ses salons, et les invitations étaient avidement recherchées non seulement par les Français, mais aussi par les nombreux étrangers qui passaient par Paris à cette époque. Gambetta devait présenter un curieux contraste avec le duc de Morny.

Nous sommes allés voir une première cérémonie à l'Elysée courant février, deux cardinaux devaient être nommés et Grévy devait remettre les barrettes. Mollard me demanda un matin de me voir, me disant que les deux gentilshommes avec leur suite étaient arrivés et voulaient me présenter leurs respects. L'un d'eux était Mgr Cataldi, que nous avions bien connu à Rome lorsque nous y vivions. C'était un ami de mon frère (le général Rufus King, le dernier ministre des États-Unis au Vatican sous Pia Nono) et il venait souvent à la maison. Il fut très excité lorsqu'il découvrit que Madame Waddington était la Mary King qu'il avait si bien connue à Rome. Il était accompagné d'un prêtre anglais dont le nom, curieusement, était anglais. Ils sont apparus à l'heure du thé et étaient tout à fait charmants, Cataldi tout aussi gros, joyeux et bavard que je me souvenais de lui autrefois à Rome. Nous nous sommes immédiatement plongés dans toutes sortes de souvenirs du bon vieux temps, quand Rome était petite, noire et intéressante, quelque chose de tout à fait à part et différent de tout autre endroit du monde.

Monseigneur English était beaucoup plus jeune et réservé, du type anglo-saxon, ce qui contrastait avec les exubérants sudistes. Nous leur avons demandé de dîner le lendemain soir et avons pu leur faire rencontrer quelques personnes intéressantes, le comte et la comtesse de Sartiges, et un ou deux députés, bien-pensants. Sartiges était autrefois ambassadeur de France à Rome auprès du Vatican et un diplomate très habile. Il était très autocratique, faisait exactement ce qu'il voulait. Je me souviens très bien de certaines de ses petites danses à l'ambassade. Les invitations étaient de dix heures à midi, et à midi précisément, les musiciens cessaient de jouer : peu importe qui dansait, le bal était fini. Sa femme était une Américaine de Boston, Miss Thorndike, qui avait toujours conservé les manières simples et naturelles de l'Américain bien né. Leur fils, le vicomte de Sartiges, a suivi les traces de son père et est l'un des jeunes diplomates les plus sérieux et les plus intelligents.

Cataldi se montrait très aimable, parlait parfaitement français, mais avec un fort accent italien. Il m'a confié après le dîner qu'il aurait aimé voir des hommes politiques parmi les plus avancés, au lieu des catholiques très conservateurs que nous avions invités à les rencontrer. " Je sais ce que pensent ces messieurs ; j'aimerais parler à certains autres, à ceux qui pensent que " le cléricalisme c'est l'ennemi " et qui sont fermement convaincus que la soutane sert de manteau à toutes sortes de manigances. et des relations antipatriotiques ; je ne peux les voir qu'à l'étranger, jamais à Rome. Il leur aurait parlé assez facilement. Les Italiens ont tellement de tact naturel qu'en discutant de questions difficiles, ils n irritent jamais inutilement les gens.

W. a apprécié sa soirée. Il n'était jamais allé à Rome, ni connu beaucoup de Romains, et cela l'amusait de voir avec quelle habileté Cataldi (qui était un admirateur dévoué de Léon XIII) évitait tous les courants contraires et les questions difficiles, ne disant que ce qu'il avait l'intention de dire et appréciant tout ce qu'on lui a dit.

Henrietta et moi étions très impatients de voir la cérémonie à l'Elysée et avons demandé à Mollard, Introducteur des Ambassadeurs et chef du Protocole, homme le plus important de toutes les occasions officielles, s'il ne pouvait pas nous mettre quelque part dans un coin, où nous pourrions voyez, sans y prendre part. W. ne nous était d'aucune utilité, puisqu'il s'y rendait officiellement en uniforme. Madame Grévy fut très aimable et nous envoya une invitation à déjeuner. Nous trouvâmes un petit groupe réuni dans le salon des tapisseries en arrivant à l'Elysée : le Président avec toute sa maison civile et militaire, Madame et Mademoiselle Grévy, trois ou quatre dames, épouses des aides de camp et des secrétaires, ainsi que plusieurs ecclésiastiques éminents, parmi lesquels Monseigneur Capel, prêtre anglais, homme très beau et très attirant, que nous avions bien connu à Rome. Il était censé avoir converti plus de femmes au catholicisme que n'importe quel homme de son temps ; Je peux tout à fait comprendre son influence auprès des femmes. Il y avait quelque chose de très naturel et de sérieux chez lui : aucune pose. Je ne l'avais pas vu depuis mon mariage et j'étais très heureux de le reconnaître. Il m'a dit qu'il n'avait jamais vu W. et qu'il avait très envie de faire sa connaissance.

Pendant que nous parlions, W. entra, l'air très chaleureux et mal à l'aise, vêtu de son uniforme rigide brodé d'or, ce qui le changeait beaucoup. Je lui présentai immédiatement Capel. Ils eurent une longue conversation avant l'arrivée des archevêques et des ablegates. Les deux futurs cardinaux, Monseigneur Pie, archevêque de Poitiers, et Monseigneur Desprey, archevêque de Toulouse, étaient bien connus dans le monde catholique. Le choix du pape fut généralement approuvé. Ils furent traités avec toute la cérémonie qui convenait aux princes de l'Église. Un des carrosses de l'Elysée (toujours très bien habillés), accompagné d'une escorte de cavalerie, alla les chercher, et ils avaient l'air très majestueux et imposants dans leurs robes lorsqu'ils entrèrent dans la salle où nous attendions. Ils étaient très différents, Monseigneur Pie grand, maigre, froid, arrogant, — on sentait que c'était pour lui une épreuve que de recevoir son chapeau de cardinal des mains d'un président républicain. Monseigneur Desprey avait une bonne expression. Je ne pense pas que cela lui ait beaucoup plu non plus, mais il a montré un meilleur visage sur la question.

Les deux cardinaux ont dit exactement ce qu'on imaginait qu'ils diraient : que la fidélité traditionnelle de la France à l'Église devait être soutenue et encouragée de toutes les manières en ces jours troublés d'indifférence à l'égard de la religion, etc. à la République. Grévy répondit extrêmement bien, parlant avec beaucoup de dignité et de simplicité, et assurant les cardinaux qu'ils pouvaient toujours compter sur l'autorité constitutionnelle du chef de l'Etat, en faveur des droits de l'Église. J'étais bien content de revoir les habits rouges et les bottes hautes des gardes nobles. C'est un uniforme très voyant et fringant. Les deux jeunes hommes étaient beaux et le portaient très bien. Je demandai qu'on me les présente, et nous causâmes longuement de l'époque romaine où le pape sortait chaque jour dans les différentes villas et promenades, et toujours accompagné de gardes nobles. Je les ai invités à notre réception deux ou trois soirs plus tard, et ils semblaient s'amuser. Ils étaient bien sûr ravis de leur court séjour à Paris, et je pense un peu surpris de la fête au ministère des Affaires étrangères sous un régime républicain. Je ne sais pas s'ils s'attendaient à trouver les salles remplies d'hommes vêtus de la traditionnelle chemise garibaldienne rouge et de dames dans la simplicité correspondante de leur tenue vestimentaire.

[Illustration : Sa Majesté la reine Victoria, vers 1879. D'après une photographie du chancelier de Dublin.]

Nous avons vu beaucoup d'Anglais au Quai d'Orsay. La reine Victoria a passé
une ou deux nuits à l'ambassade britannique, passant par Paris en route vers
le sud. Elle fit venir W., qui ne l'avait jamais vue depuis ses années d'étudiant
à Cambridge. Il la trouvait assez charmante, très facile, s'intéressant à tout.
Elle commença la conversation en français — (on l'annonça en toute
cérémonie comme Monsieur le Ministre des Affaires Etrangères) et W. dit
qu'elle le parlait remarquablement bien — puis, avec son beau sourire qui
éclairait tout son visage : « Je pense Je peux parler anglais avec un universitaire
de Cambridge." Elle s'intéressa beaucoup à ses débuts en Angleterre, à Rugby
et à Cambridge, et fut visiblement étonnée, même si elle avait trop de tact
pour le montrer, qu'il ait choisi de faire sa vie et sa carrière en France au lieu
d'accepter la proposition que lui faisait son cousin Waddington, alors doyen
de Durham, de rester en Angleterre et de poursuivre ses études classiques et
littéraires sous sa direction. Une fois l'entretien terminé, il trouva le fidèle
serviteur écossais de la reine, John Brown, qui l'accompagnait toujours
partout, attendant devant la porte, espérant visiblement voir le ministre. Il lui
dit quelques mots en tant que compatriote : W. étant à moitié écossais, sa
mère est née Chisholm. Ils se serrèrent la main et John Brown le supplia de
venir en Écosse, où il serait chaleureusement accueilli. W. était très content
de son accueil par la Reine. Lord Lyons lui dit plus tard qu'elle avait été très
désireuse de le voir ; elle lui dit plus tard, en parlant de l'entretien, qu'il était
très difficile de se rendre compte qu'elle s'adressait à un ministre français, tant
tout chez lui était absolument anglais, la silhouette, la couleur et la parole.

De nombreuses expériences de la vieille école et du collège furent évoquées
cette année-là par les différents Anglais de passage à Paris. Un soir, lors d'un
grand dîner à l'ambassade britannique, j'étais assis à côté du prince de Galles
(feu le roi Édouard). Il m'a dit : « Il y a ici ce soir un vieil ami de votre mari
qui sera si heureux de le revoir. Ils ne se sont pas rencontrés depuis qu'il était
son pédé à Rugby. Après le dîner, on me l'a présenté, l'amiral Glynn, un
homme charmant, qui m'a dit que son dernier souvenir de W. était de lui
avoir préparé son toast et d'avoir reçu une bonne manchette lorsque le toast
est tombé dans le feu et a brûlé. Les deux hommes causèrent quelque temps
ensemble dans le fumoir, se rappelant toutes sortes d'exploits d'écolier. Un
autre ami d'école était Sir Francis Adams, premier secrétaire et « conseiller »
à l'ambassade britannique. Lorsque l'ambassadeur prit ses vacances, Adams
le remplaça et eut le rang et le titre de ministre plénipotentiaire. Il venait tous
les mercredis, jour de réception diplomatique, au Quai d'Orsay pour parler
affaires. Tant qu'un secrétaire ou un huissier était dans la pièce, ils se parlaient
très correctement en français ; dès qu'ils étaient seuls, ils retombaient dans
un anglais facile et familier. Nous aimions beaucoup Adams et nous l'avons
beaucoup vu non seulement à Paris, mais lorsque nous avons vécu pour la
première fois à l'ambassade de Londres. Il mourut subitement en Suisse et
W. lui manqua beaucoup. Il était très intelligent, un fin observateur, avait

voyagé partout dans le monde, et sa connaissance et son appréciation des pays et des modes de vie étrangers étaient souvent très utiles à W.

Nous avons continué nos dîners et nos réceptions, qui m'ont toujours intéressé, nous avons vu tellement de monde de toutes sortes. Un dîner était destiné au prince Alexandre de Battenberg, au moment où il commençait à prendre possession de la nouvelle principauté de Bulgarie. C'était l'un des hommes les plus beaux que j'aie jamais vu : grand, jeune, fort. Il semblait être le type de jeune chef fringant qui inspirerait confiance dans un nouvel État indépendant. Il n'a pas parlé de son avenir avec beaucoup d'enthousiasme. Je me demande si un pressentiment n'obscurcissait déjà ce qui semblait un brillant début ! Il a beaucoup parlé au dîner. Il revenait de Rome, et plein de son charme, qui créa aussitôt un lien de sympathie entre nous. Le rapport disait qu'il y avait laissé son cœur avec un jeune Romain. Il parlait certainement des jours heureux avec une nuance de mélancolie. Je lui ai proposé de se marier, cela rendrait son « exil », comme il l'appelait, plus facile à supporter. "Ah oui, si on pouvait choisir." Puis après une pause, avec une pétulance presque enfantine : "Ils veulent que j'épouse la princesse X., mais je ne veux pas." "Est-elle jolie, va-t-elle t'aider dans ton nouveau pays ?" "Je ne sais pas, je m'en fiche, je ne l'ai jamais vue."

Le pauvre garçon, il a vécu une expérience misérable. Certains « exilés » étaient moins intéressants. Une dame a demandé à me voir un jour, pour solliciter mes sympathies pour son frère et plaider sa cause auprès du ministre. Il avait été nommé à un poste qu'il ne pouvait pas vraiment accepter. J'ai plutôt hésité, disant à son messager, l'un des secrétaires du ministère des Affaires étrangères, que c'était tout à fait inutile qu'elle me demande d'intervenir. W. n'était pas très porté à me consulter dans ses choix de nominations — et en fait les petites nominations, les secrétaires, étaient généralement préparées à la Chancellerie et suivaient la routine habituelle des promotions régulières. Bien entendu, la situation d'un ambassadeur était différente et on l'emmenait parfois tout à fait en dehors de sa carrière. La dame persista et apparut un matin, une jolie femme du monde bien mise que j'avais souvent rencontrée sans la connaître. Elle se plongea aussitôt dans son sujet : la santé délicate de son frère, habitué à tout le confort et à ce que les livres appellent la « civilisation supérieure » de l'Europe, capable de rendre de bons services dans les tribunaux et dans la société, comme il connaissait tout le monde. C'était dommage de l'envoyer dans un endroit aussi reculé, avec un climat épouvantable, — n'importe quel commis de consul ferait aussi bien l'affaire. Je supposais qu'il avait été nommé à Caracas, en Amérique du Sud, ou dans une autre partie isolée et insalubre du globe, mais lorsqu'elle s'est arrêtée un instant, j'ai découvert que le jeune homme avait été nommé à Washington. J'ai été vraiment surpris, je ne savais pas quoi dire tout de suite, quand l'absurdité de la chose m'a frappé et j'ai répondu que Washington était loin, peut-être de l'autre côté de l'océan, mais qu'il y avait des compensations - mais elle a repris son argument, tel un endroit impossible, tout était si primitif, je pense vraiment qu'elle pensait que les jeunes allaient dans une colonie indienne, tous des squaws, des wigwams et des tomahawks. Je déclinai toute ingérence dans les nominations du ministre, lui assurant que je n'avais aucune influence, et elle me quitta très froidement. J'ai entendu la suite plus tard : le jeune homme a refusé le poste comme étant tout à fait indigne de lui. Il y en avait plusieurs autres prêts et heureux de le prendre, et M. de X. fut mis en disponibilité.

Nous avons également vu cette année-là pour la première fois le grand-duc Alexandre de Russie (plus tard l'empereur Alexandre III, dont nous avons assisté au couronnement à Moscou) et la Grande Duchesse Marie. Le prince Orloff arrangea l'entretien, car il tenait beaucoup à ce que le grand-duc ait quelque conversation avec W. Ils restèrent trois ou quatre jours à Paris, logeant à l'hôtel Bristol, où ils nous reçurent. C'était un homme grand et bel, avec une barbe blonde et des yeux bleus, un peu du genre nordique. Elle se souvenait de sa sœur (la reine Alexandra), pas si grande, mais avec les mêmes manières gracieuses et les mêmes yeux magnifiques. Le Grand-Duc parlait beaucoup, principalement politique, avec W. Il s'exprimait avec beaucoup de doutes sur la stabilité de la République et s'inquiétait visiblement de la possibilité d'une amnistie générale, « mesure très dangereuse qu'aucun gouvernement ne devrait sanctionner ». W. lui assure qu'il n'y aura pas d'amnistie générale, mais il paraît sceptique et répète à plusieurs reprises : « Soyez stable, soyez ferme ». La Grande Duchesse m'a parlé de Paris, les rues étaient si gaies, les boutiques si alléchantes et tous les gens si souriants et heureux. Je suppose que le contraste l'a frappée, venant de Russie où les gens ont l'air tristes et apathiques. J'ai été très impressionné par leur air triste et refoulé lorsque nous étions en Russie pour le couronnement - on n'entendait jamais personne rire ni chanter dans les rues - et pourtant nous étions là à une époque de grandes réjouissances nationales, d'amusements de toutes sortes prévus pour le peuple. personnes. Leurs mélodies nationales, les volklieder (chants du peuple), sont toujours empreintes d'une note de tristesse. Notre conversation s'est déroulée en français, que tous deux parlaient très bien.

Les mois d'hiver passèrent assez vite avec des alarmes périodiques dans le monde politique lorsque l'on discutait de nouvelles mesures qui excitaient les passions de tout le monde et ne satisfaisaient aucune des deux parties. Je visitais chaque semaine ma propre maison, qui n'a jamais été démontée, car j'avais toujours l'impression que notre séjour au Quai d'Orsay ne durerait plus longtemps. Une de nos collègues, Mme Léon Say, femme intelligente et charmante, prenait les choses avec plus de philosophie que moi. Son mari était si souvent en poste et hors du bureau qu'elle était assez indifférente aux changements soudains de résidence. Eux aussi gardaient leur maison ouverte et elle disait qu'elle avait toujours une terrine de crise prête dans son garde-manger.

Les rendez-vous diplomatiques, les ambassades en particulier, étaient une difficulté. L'amiral Pothnau se rend à Londres. C'était un officier très vaillant et il avait servi avec les Anglais en Crimée ; il avait l'ordre du Bain et exactement cette attitude distante et pompeuse qui convient aux Anglais. Le général Chanzy se rend à Saint-Pétersbourg. C'est presque toujours une tradition d'envoyer un soldat en Russie. Il y a si peu de relations entre l'empereur russe et un étranger, même un ambassadeur, qu'un diplomate ordinaire, aussi intelligent ou expérimenté soit-il, aurait très peu d'occasions de parler à l'empereur ; tandis qu'un officier, avec les diverses revues et manœuvres qui se font toujours en Russie, l'approcherait sûrement plus facilement. J'ai été si frappé, lorsque nous étions en Russie, de la distance immense qui séparait les princes du commun des mortels. Ils ressemblent à des demi-dieux sur un autre plan (en Russie je veux dire ; bien sûr, lorsqu'ils viennent à Paris, leurs attributs divins disparaissent, malheureusement pour eux).

Chanzy était très heureux en Russie, où il fut extrêmement bien accueilli. Il dîna avec nous un soir, alors qu'il était chez lui en permission, et était très enthousiasmé par tout en Russie : leurs finances, leur armée, les femmes de toutes classes si intelligentes, si patriotes. Il était visiblement tout à fait sous le charme. Lorsqu'il fut parti, M. Desprey, alors Directeur de la Politique, homme très intelligent, qui avait vu aller et venir de nombreux ambassadeurs de toutes les capitales de l'Europe, dit :

"Il est curieux de voir comment tous les ambassadeurs qui se rendent en Russie ont la même impression. Je n'ai jamais vu cela échouer. La politique russe est d'être agréable avec les ambassadeurs, de leur rendre la vie très facile, de leur montrer tout ce qu'il y a de brillant. et intéressant – ouvrez toutes les portes (de la société, etc.) et gardez toutes les questions sordides et laides en arrière-plan. »

Saint-Vallier resta à Berlin. Son nom avait été mentionné comme ministre des Affaires étrangères lorsque Dufaure formait son cabinet, mais il n'avait pas la santé pour le faire – et je pense qu'il préférait être à Berlin. Il connaissait bien l'Allemagne et avait de nombreux amis à Berlin.

Bien entendu, W. organisait de nombreux dîners d'hommes, dont j'étais exclu. Je dînais souvent avec certains de mes amis, non officiels, et je me demandais parfois si le quai d'Orsay et ces maisons pouvaient être dans le même pays. C'était un monde entièrement différent, chaque point de vue différent, non seulement politique – comme on pouvait s'y attendre, puisque l'ensemble de la société était anti-républicain, royaliste ou bonapartiste – mais chaque question discutée avait un aspect différent. Une ou deux fois, il fut question de Louis XIV et de ce qu'il aurait fait dans certains cas, la question religieuse étant toujours passionnée. Bien entendu, je n'en ai jamais parlé, étant protestant et sachant très bien que les vrais fervents catholiques pensent que les protestants n'ont pas de religion.

J'étais en voiture avec une amie un matin de Carême (Semaine Sainte), jeudi je pense - et je lui ai dit que je ne pouvais pas sortir tard car je devais aller à l'église - peut-être qu'elle me déposerait à la chapelle protestante de l'avenue de la Grande Armée. Elle était tellement étonnée que c'en était presque drôle, même si j'étais à moitié en colère aussi. "Vous allez à l'église le Jeudi Saint. Je ne savais pas que les protestants observaient le Carême, la Semaine Sainte ou un autre jour saint." "Tu ne crois pas qu'on va jamais à l'église ?" "Oh, oui, à une conférence ou à un sermon le dimanche, mais vous n'êtes pas des pratiquants comme nous." J'étais vraiment contrarié et j'ai essayé un autre jour, alors qu'elle était assise avec moi, de lui montrer notre livre de prières et de lui expliquer que le Credo et le Notre Père, sans parler des diverses autres prières, étaient exactement les mêmes que dans son livre. de Messe, mais je ne lui ai fait aucune impression — sa seule remarque était : « Je suppose que vous croyez en Dieu » — et pourtant c'était une femme intelligente et instruite — elle connaissait bien son histoire de France et devait avoir On sait quel rôle les protestants français jouèrent autrefois en France, alors que beaucoup de grands nobles étaient protestants.

Des années plus tard, avec le même ami, nous discutions du projet de mariage du duc de Clarence, fils aîné du défunt roi Édouard VII d'Angleterre, qui désirait ardemment épouser la princesse Hélène d'Orléans, fille du comte de Paris, maintenant duchesse d'Aoste. Il était impossible au prince anglais, héritier du trône, d'épouser une princesse catholique ; il paraissait également impossible à la princesse française de devenir protestante. Le Pape a été consulté et une très forte influence a été exercée sur la question, mais l'Église catholique a été ferme. Nous étions à Londres à ce moment-là et, bien entendu, nous avons entendu de nombreuses discussions sur la question. C'était une affaire intéressante, car les deux jeunes gens étaient très amoureux l'un de l'autre. J'ai dit à mon ami :

"Si j'étais à la place de la princesse Hélène, je me ferais protestante . C'est un gros appât pour la fille d'un prince exilé d'être reine d'Angleterre."

"Mais cela ne pouvait pas être le cas ; aucune catholique ne pourrait changer de religion ou se faire protestante."

"Il existe pourtant un précédent dans votre histoire. Votre roi Henri IV de mémoire bien-aimée, protestant, n'a pas hésité à se faire catholique pour être roi de France."

"Ah, mais c'est tout à fait différent."

"Pour vous peut-être, chère amie, mais pas pour nous."

Cependant, le pauvre jeune prince mourut subitement d'une pneumonie, le sacrifice aurait donc été vain.

Tout l'automne 79 a été très agité. Nous fûmes obligés d'écourter notre séjour à Bourneville, notre maison de campagne. Même si les Chambres ne siégeaient pas, toutes les intrigues politiques se déroulaient. Chaque jour W. avait un immense courrier et un jour sur deux un secrétaire descendait du Quai d'Orsay avec des dépêches et des papiers à signer. Les télégrammes arrivaient toute la journée. W. prit un ou deux petits-déjeuners de chasse et les longues promenades dans les bois le reposèrent. Les invités étaient généralement les notables des petites villes et villages de sa circonscription, maires, fermiers et petits propriétaires terriens. Ils parlaient tous de politique et W. était surpris de voir à quel point la fièvre de la démocratie était montée dans ce quartier agricole tranquille. Habituellement, l'agriculteur aisé est très conservateur et regarde de travers les opinions très avancées des jeunes radicaux, mais un changement complet s'est produit en eux. Ils semblaient penser que la République, fondée enfin sur des bases solides, soutenue par d'honnêtes républicains, apporterait une prospérité incalculable non seulement au pays, mais à chaque individu, et de nombreux citoyens très modestes et sans prétention des petites villes se considéraient comme conseillers généraux. , députés, peut-être même ministres. C'était un changement curieux. Cependant, dans l'ensemble, les gens de notre région étaient raisonnables. J'étais désolé de retourner en ville. J'ai aimé les dernières belles journées de septembre à la campagne. Les arbres commençaient tout juste à tourner, et les promenades dans les bois étaient délicieuses, les routes si douces et élastiques. Les chevaux semblaient apprécier le galop rapide autant que nous. Nous troublions toute la vie forestière en galopant, les lièvres et les lapins s'enfuyaient, nous voyions leurs queues blanches disparaître dans des trous, et quand nous traversions un bout de plaine, des perdrix au loin se levaient et prenaient leur vol tortueux à travers les champs. . Il faisait si calme, comme c'est toujours le cas dans les bois, qu'on entendait les pas des chevaux au loin. Il faisait de plus en plus froid (tous les gens de la campagne prédisaient un hiver très froid) et le feu de bois paraissait très gai et confortable dans mon petit salon lorsque nous entrâmes.

Cependant, tout devait finir, et W. devait reprendre le combat, qui s'annonçait animé. A Paris, nous avons trouvé des gens portant des fourrures et se préparant à un hiver froid. La maison du Quai d'Orsay était confortable, bien chauffée, calorifères et grands feux dans toutes les pièces, et chaque fois qu'il y avait du soleil il entrait dans les pièces depuis le jardin. Je n'ai pas participé à mes réceptions officielles de l'après-midi. La séance n'avait pas commencé, et comme il paraissait extrêmement improbable que l'année prochaine nous voie encore au Quai d'Orsay, ce n'était pas la peine de se lancer dans cette morne fonction. J'étais à la maison tous les après-midi après cinq heures, je prenais le thé dans mon petit salon bleu et j'avais toujours deux ou trois personnes pour me tenir compagnie. Le prince Hohenlohe venait souvent, s'installait dans un fauteuil avec sa tasse de thé et parlait de tout avec aisance et charme. Il revenait tout juste d'Allemagne et rapportait que Bismarck et l'Empereur (j'aurais peut-être dû dire, l'Empereur et Bismarck) étaient plutôt inquiets des progrès rapides que faisait la France dans le radicalisme. Il les rassure, leur dit que Grévy est essentiellement un homme de paix et que, tant que des hommes modérés comme W., Léon Say et leurs amis resteront au pouvoir, les choses se passeront tranquillement. "Oui, s'ils restent. J'ai l'impression que nous ne resterons pas très longtemps, et le rapport dit que Freycinet sera le prochain premier ministre." Il avait évidemment entendu le même bruit et parlait chaleureusement de Freycinet, intelligent, énergique et d'un esprit si précis. Si W. était obligé de démissionner, ce qu'il regretterait personnellement, il pensait que Freycinet était l'homme à venir — à moins que Gambetta ne veuille être premier ministre. Il ne le pensait pas, n'était pas encore tout à fait prêt, mais ses amis pourraient lui forcer la main, et bien sûr s'il le voulait, il serait le prochain Président du Conseil. Il m'a aussi raconté beaucoup de choses que Blowitz lui avait dites — il avait une grande opinion de lui —, il a dit qu'il était si merveilleusement au courant de tout ce qui se passait. Il était curieux de voir à quel point un homme vif et intelligent comme le prince Hohenlohe attachait autant d'importance à tout ce que disait Blowitz. Le nonce, Monseigneur Czaski, venait aussi parfois à l'heure du thé. C'était un causeur charmant, mais j'avais toujours l'impression qu'il disait exactement ce qu'il voulait dire et ce qu'il voulait que je répète à W. Je ne suis jamais tout à fait sûr avec les Italiens. Il y a toujours une certaine réticence sous leur manière extrêmement naturelle, un peu exubérante. Monseigneur Czaski n'était pas Italien de naissance, polonais, mais je ne sais pas s'ils inspirent beaucoup plus confiance.

X

LE PARLEMENT DE RETOUR À PARIS

La question du retour du Parlement à Paris était enfin résolue après d'interminables discussions. Tous les républicains y étaient favorables et étaient maîtres de la situation. Le président Grévy le voulait aussi beaucoup. Si les Chambres continuaient à siéger à Versailles, il serait obligé de s'y établir, ce qu'il ne voulait pas faire. Beaucoup de gens étaient très réticents à opérer ce changement, étaient franchement nerveux à l'idée d'éventuels troubles dans les rues et, même s'ils se plaignaient aussi de la perte de temps, des courants d'air des wagons du train parlementaire, etc., ils préféraient néanmoins ces inconforts à tout autre problème. possibilité d'émeutes et de combats de rue, et invasion de la Chambre des députés par une foule parisienne. W. était très impatient du changement.

Il ne prévoyait aucun problème : la principale raison pour laquelle il souhaitait le retour du Parlement était la perte de temps et aussi l'élimination des conversations dans le train, qui le fatiguaient beaucoup. Il ne pouvait jamais se faire entendre sans effort, car sa voix était basse, sans « timbre », et il n'entendait pas très bien ses voisins dans le bruit du train. Il arrivait toujours à la gare au dernier moment et montait dans la dernière voiture, espérant ne pas être dérangé et passer une demi-heure tranquille avec ses papiers, mais il restait rarement seul. Si un député qui voulait quelque chose le reconnaissait, il montait bien entendu dans la même voiture, car il savait qu'il était sûr d'avoir une demi-heure pour exposer sa cause, puisque le ministre ne pouvait pas lui échapper. Les Chambres se réunirent, après de courtes vacances en novembre, enfin à Paris, et déjà il y avait tant d'interpellations annoncées sur tous les sujets possibles, tant de critiques sur la politique du cabinet, et tant de gens réclamant la place d'autrui, que le La séance s'annonçait très animée : le Sénat au Palais du Luxembourg, les députés au Palais Bourbon.

W. et moi sommes allés au Luxembourg un matin du début d'octobre, pour voir les dispositions qui avaient été prises pour le Sénat. Lui aussi voulait choisir son siège. Cela faisait des années que je n'y étais pas allé de jour, j'avais dîné une ou deux fois au Petit Palais avec différents présidents du Sénat, mais ma seule impression était un très long trajet (depuis la barrière de l'Etoile où nous habitions) et de belles pièces hautes avec de lourds meubles et tapisseries dorées. Le palais a été construit par Marie de Médicis, épouse d'Henri IV. Après la mort de ce monarque très chevaleresque mais très peu domestique, elle se retira au Luxembourg, et de là, en tant que régente (son fils Louis XIII n'avait que dix ans à la mort de son père), dirigea pendant quelques années la politique de la France sous la direction de son favori, l'Italien Concini, et sa femme.

Le palais rappelle beaucoup le palais Pitti de Florence, avec sa maçonnerie solide et son architecture lourde et plutôt sévère. Ce devait être une résidence sombre, malgré les beaux jardins avec leurs larges allées et leurs grands espaces ouverts. Les jardins sont raides, très italiens, avec des statues, des fontaines et des balustrades de marbre ; peu de fleurs, sauf immédiatement autour du palais, mais ils étaient inondés de soleil ce jour-là, et le vieux tas gris semblait surgir d'un parterre de lumière vive. fleurs. Le palais a été légèrement modernisé, mais l'architecture générale reste la même. De nombreuses personnes de toutes sortes y ont vécu depuis sa construction : plusieurs princes royaux et l'empereur Napoléon lorsqu'il était Premier Consul. De là, il se rendit aux Tuileries. Le Palais du Luxembourg a toujours été associé à l'histoire de France. Pendant la Révolution, c'était une prison, et bien des scènes curieuses qu'on lit à cette époque se déroulaient dans ces vieux murs : les grandes dames si soignées de leur tenue et de leurs manières, les grands seigneurs si courageux et si galants, luttant dans tous les sens. par leur conversation pleine d'esprit et leur musique (car ils ont chanté et joué dans les prisons tout au long de cette terrible période) pour distraire les femmes et leur faire oublier le terrible sort qui pesait sur elles. De nombreuses personnalités sont allées directement du palais à l'échafaud. Cela semblait un lieu approprié pour les séances du Sénat et les délibérations d'un groupe d'hommes choisis, censés apporter un jugement plus mûr et une plus grande expérience dans la discussion de toutes les questions brûlantes de l'heure que les jeunes députés ardents. désireux d'en finir avec tout ce qui touche à l'ancien régime et de repartir à zéro.

Après avoir inspecté le palais, nous nous promenâmes dans les jardins, qui étaient charmants en ce beau matin d'octobre, le soleil vraiment trop fort. Nous trouvâmes un banc à l'ombre et nous y restâmes très heureux, W. fumant et se demandant ce que le prochain tour de roue nous apporterait. Un grand nombre de personnes se promenaient et s'asseyaient sous les arbres. C'était un public tout à fait différent de ce qu'on voyait ailleurs, de nombreux étudiants des deux sexes portant des livres, de petits chevalets et des tabourets de camping, certains d'entre eux étant des bohémiens évidents, avec de longs cheveux, de longues moustaches et un chapeau de feutre moelleux, tout à fait différents. le type qu'on voit dans les tableaux ou les pièces de théâtre de « La Vie de Bohême ». Leurs compagnes étaient très soignées et soignées, généralement vêtues de noir, leurs vêtements leur allaient extrêmement bien - la plupart étaient tête nue, mais certaines portaient des chapeaux des plus simples - aucun des plumes et des fleurs éclatantes qu'on voit sur les boulevards. C'est un type à part, les grisettes modernes, si calmes et si sages qu'elles en sont presque respectables. On entend toujours dire que le Quartier Latin n'existe plus, que les étudiants sont plus sérieux, moins turbulents, et que la petite grisette travailleuse, bien contente de sa vie simple et de ses plaisirs, a dégénéré en danseuse de music-hall et théâtres barrières. Je ne pense pas. Une certaine classe de jeunes étudiants impécunieux vivra toujours dans ce quartier et s'y amusera toujours, et ils trouveront toujours aussi des filles tout à fait prêtes et heureuses de jouir un peu de la vie pendant qu'elles sont assez jeunes pour vivre dans le présent et n'ont pas de vie. se soucie de l'avenir. Les enfants jouaient dans les ruelles et les grands espaces et grimpaient sur les fontaines alors que les gardiens du jardin n'étaient pas là, leurs nourrices assises dans un coin ensoleillé avec leur travail. C'était un tout autre monde, ni les Champs-Elysées ni Montmartre. Tous avaient l'air parfaitement respectables, et les couples assis sur des bancs à l'écart, dans les attitudes les plus affectueuses, étaient trop occupés l'un de l'autre pour prêter attention au passant.

J'y suis retourné plusieurs fois par la suite, emmenant Francis avec moi, et c'était curieux de voir à quel point on se sentait dépaysé. Paris, notre Paris, aurait pu être à des kilomètres. J'ai appris à bien connaître certains habitués : un vieux monsieur aux cheveux blancs qui apportait toujours du pain pour les oiseaux ; ils le connaissaient parfaitement et descendaient sur la place dès qu'il apparaissait - un beau jeune homme au visage tragique, toujours seul, se promenant en marmonnant et se parlant tout seul - il était peut-être aspirant à l'Odéon ou à quelque autre des théâtres du quartier - un boiteux avec des béquilles, un enfant marchant à côté de lui regardant avec mélancolie les enfants qui jouaient mais n'osant pas quitter sa charge - des groupes d'étudiants se précipitant dans les jardins pour se rendre à la Sorbonne, leurs cuirs noirs des serviettes sous les bras, des couples toujours partout. Je ne pense pas qu'il y ait beaucoup d'étrangers ou de touristes, je n'ai jamais entendu parler que du français. Même le vieux mendiant le plus mal famé qui vendait des lacets à la porte, apprenait à nous connaître et courait ouvrir la portière de la voiture.

Avec la contrariété de la nature humaine, diraient certains, de la nature féminine, maintenant que je sentais que je n'allais plus vivre longtemps rive gauche, je m'y plaisais beaucoup. La vie était si calme et reposante dans ces rues longues et étroites, certaines avec de l'herbe poussant sur le trottoir - pas de tramways, pas d'omnibus, très peu de passages, on aperçoit parfois de grandes maisons en retrait de la rue, une cour de bonne taille dans devant et jardin à l'arrière : l'hôtel classique entre cour et jardin du Faubourg St. Germain. J'allais parfois prendre le thé chez un ami qui habitait une grande maison démodée de la rue de Varenne. Elle habitait au quatrième étage : on montait un large escalier de pierre nue et froide (qui me rappelait toujours certains escaliers des palais romains). Ses chambres étaient grandes, avec de très hauts plafonds, très peu de meubles, très peu de feu en hiver, de beaux vieux portraits de famille sur les murs, mais des fenêtres on regardait un joli jardin où le soleil brillait et les oiseaux chantaient toute la journée. . C'était comme être à la campagne, tellement extraordinairement calme. Un domestique très respectable, en livrée brune à l'ancienne mode, avec de nombreux boutons de cuivre, qui paraissait aussi vieux que la maison elle-même et comme s'il en faisait partie, ouvrait toujours la porte. Son mari était un homme de lettres qui faisait des conférences à la Sorbonne et au Collège de France, et ils habitaient entièrement dans ce quartier ; ils venaient très rarement dans notre quartier de Paris. C'était un vieil ami de W., et ils venaient parfois dîner avec nous. Il déplorait que W. soit allé au ministère des Affaires étrangères ; il pensait que l'Instruction publique était bien plus à ses goûts et à ses habitudes. Elle avait une grand-mère anglaise, connaissait très bien l'anglais et lisait des critiques et des articles en anglais. Elle avait vu une fois la reine Victoria et était très intéressée par tout ce qui la concernait. La reine Victoria jouissait d'un grand prestige en France. Les gens admiraient non seulement la sage souveraine qui avait surmonté avec succès tant de changements, mais aussi la belle vie d'épouse et de mère de cette femme. On parlait toujours d'elle avec le plus grand respect, même par des gens qui n'avaient pas de sympathie pour l'Angleterre en tant que nation.

Un autre de mes repaires était le Couvent et Maison de Santé des Soeurs Augustines du Saint Cœur de Marie, rue de la Santé. Il était curieux de quitter la large avenue animée et peuplée, encombrée de tramways, d'omnibus et de camions, pour se retrouver dans une rue étroite et tranquille, qui semblait faite de murs de pierre et de grandes portes. Il y avait un autre hôpital et une prison dans la rue, ce qui lui donnait naturellement un aspect assez sombre, mais une fois à l'intérieur de la cour du couvent, la transformation fut complète. On se trouvait dans une grande cour carrée et ouverte, avec des arcades et des bâtiments tout autour : la chapelle juste en face de l'entrée. D'un côté de la cour se trouvaient les chambres des malades, de l'autre de belles chambres et de petits appartements loués à des invalides ou à des vieilles dames, et qui ouvraient sur un jardin, en réalité un parc de treize ou quatorze acres. Les portes étaient toujours ouvertes et on avait une belle vue sur les champs verts et les arbres. Dès l'instant où vous mettiez le pied dans le tribunal, vous ressentiez une atmosphère de paix et de gaieté, même si c'était un hôpital. Les religieuses avaient toutes l'air heureuses et souriantes — c'est toujours le cas, et je me demande toujours pourquoi. La vie dans un cloître me semble si étroite, monotone et insatisfaisante à moins d'avoir été élevé dans un couvent et de ne connaître la vie que ce que disent les professeurs.

J'ai une amie qui m'étonne toujours, une femme très intelligente, cultivée, plus très jeune, mariée à un homme charmant, habituée à la vie dans son sens le plus large. Elle fut complètement malheureuse lorsque son mari mourut, mais après un certain temps elle reprit sa vie et parut trouver de l'intérêt et du plaisir dans les choses qu'ils avaient faites ensemble. Tout à coup, elle annonça son intention de devenir religieuse, vendit sa maison et son joli jardin, où elle avait passé tant d'heures heureuses avec ses fleurs et ses oiseaux, distribua ses jolies choses à ses amis et accepta toutes les petites épreuves de la stricte vie de couvent. - pas de bain, ni de miroir, de sous-vêtements et de draps grossiers - pas de feu, pas de lumière, pas d'intimité, la routine ennuyeuse et régulière d'une vie de religieuse, et elle est parfaitement heureuse - ne manque jamais la compagnie intellectuelle, le raffinement et la délicatesse de son ancienne vie, — aime la routine banale du couvent — les livres qu'on se lit en « récréation », les simples histoires qu'on donnerait à peine à un enfant de douze ou quatorze ans, — les fêtes de l'anniversaire de la « mère », où les religieuses font un gâteau et mis une couronne de roses sur la tête de la mère.

Les Sœurs Augustines sont très heureuses dans leur vie, mais elles voient beaucoup plus le monde extérieur. Ils ont toujours des patients à l'hôpital et des gens dans les appartements, ce qui est très demandé. Les soins et l'assistance sont très bons. Les dames sont très à l'aise et reçoivent autant de visiteurs qu'elles le souhaitent l'après-midi aux heures indiquées, et les chambres sont très tentantes avec des murs et des meubles blancs et scrupuleusement propres. La cuisine est très bonne, tout est très délicatement servi. Toute la journée, on a vu des personnages en robe noire se déplacer tranquillement à travers la cour, portant toutes sortes d'accessoires invalides – coussins, tapis, tasses de bouillon – mais il n'y avait jamais aucun bruit – aucun bruit de conversation ou de rire. Quand ils parlaient, les voix étaient basses, comme celles des gens habitués aux chambres de malades. Aucun homme n'était admis dans le couvent, à l'exception bien sûr des médecins et des visiteurs à heures fixes.

Un printemps, j'y ai passé plusieurs jours, car C. y était resté quelques semaines pour une légère opération. Elle avait une chambre et un dressing charmants, avec des fenêtres donnant sur un jardin ou plutôt sur une cour de ferme, car les sœurs avaient leurs vaches et leurs poules. Parfois, le soir, nous voyions une des sœurs, sa jupe noire retroussée et un tablier bleu par-dessus, ramener les vaches à l'étable. Aucun homme ne pouvait avoir une chambre dans la maison. F. voulait vraiment être avec sa femme la nuit, car il était un homme occupé et absent toute la journée, et j'ai essayé de lui trouver une chambre, mais la mère supérieure, une charmante vieille dame, n'a pas voulu en entendre parler. . Cependant, la nuit précédant et la nuit suivant l'opération, il fut autorisé à rester avec elle (aucun lit supplémentaire n'était installé dans la chambre) et il dormit sur le canapé.

Souvent, lorsque C. dormait ou était fatigué, je prenais mon livre et m'installais dans le jardin. Paris était peut-être à des kilomètres de là, même si à quelques mètres seulement se trouvait un boulevard animé et bondé, mais aucun bruit ne semblait pénétrer les murs épais. Parfois, au bout d'un chemin tranquille, j'apercevais une silhouette noire qui allait et venait, les yeux fixés sur un bréviaire. Une ou deux sœurs jardinière avec un grand chapeau de paille plat sur sa coiffure et son voile s'occupant des fleurs (il n'y en avait pas beaucoup) ou désherbant la pelouse, parfois des convalescentes ou des vieilles dames assises dans des fauteuils sous les arbres, mais il n'y avait jamais aucun bruit. des voix ou de la vie. C'était très reposant (quand on sentait qu'on pouvait s'évader un petit moment), mais je pense que le calme absolu et la monotonie nous pèseraient, et "l'Appel du Monde" - le monde en difficulté, vivant et joyeux hors des murs. — serait une tentation irrésistible.

Le matin, je me suis beaucoup promené dans mon quartier et j'ai fait la connaissance de nombreuses petites places et boutiques amusantes, de merceries, de magasins de fleurs et de jouets qui n'avaient pas encore été engloutis par les énormes établissements comme le Louvre, le Bon Marché, et les grands bazars. Je ne sais pas comment ils existaient ; il n'y avait jamais personne dans les magasins, et bien sûr leur choix était limité, mais ils étaient si reconnaissants, leurs affaires étaient tellement moins chères et ils étaient si impatients d'obtenir tout ce qu'on voulait, que c'était un plaisir de traiter avec eux. . Tout était bien moins cher de ce côté-là : les fleurs, les gâteaux, le papier à lettres, les loyers, les salaires des domestiques, le matériel des écuries, la nourriture des chevaux. Un an, nous avions acheté des jouets pour un de nos sapins de Noël à la campagne à une pauvre vieille boiteuse qui tenait une petite boutique dans une des petites rues qui partaient de la rue du Bac. Son petit-fils, un garçon d'environ douze ou quatorze ans, l'aidait dans le magasin, et ils étaient si heureux et excités d'avoir une commande aussi importante qu'ils en furent complètement déconcertés. Nous avons obtenu ce que nous voulions, mais cela nous a demandé du temps et de la patience : leur stock était petit et peu varié. Nous avons dû choisir pièce par pièce — chevaux, poupées, tambours, etc. — et la mise par écrit des éléments et la constitution des ajouts ont été longues et éprouvantes. J'avais l'intention d'y retourner après avoir quitté le quai d'Orsay, mais je ne l'ai jamais fait, et je crains que la pauvre vieille avec son petit commerce n'ait partagé le sort de toutes les autres et ne puisse résister aux grands magasins.

On devient paresseux en faisant du shopping. Les premières années où nous avons vécu à la campagne, nous allions nous-mêmes dans les grands magasins et les bazars de Paris pour faire nos achats de Noël, mais la chaleur, la foule et l'attente étaient si fatigantes que nous avons fini par nous arranger avec la vendeuse de jouets de Paris. la petite ville, La Ferté-Milon. Elle est allée à Paris et a ramené des spécimens de tous les nouveaux jouets. Nous sommes allés en ville un après-midi : tous les jouets étaient étalés sur des tables dans son petit salon à l'arrière de la boutique (sa petite fille s'occupait des clients, qui étaient rongés par la curiosité de savoir pourquoi notre voiture attendait si longtemps à la gare). porte) et nous avons fait notre sélection. Elle nous a été d'une grande aide, car elle connaissait tous les enfants, leur âge et ce qu'ils voulaient. Elle était très contente d'exécuter la commission : cela la rendait importante dans la ville, de se faire adresser les grosses caisses qui lui descendaient de Paris, et elle payait son voyage et faisait un très bon profit en faisant payer deux ou trois sous de plus sur chaque. article. Nous étions tout à fait disposés à payer quelques francs supplémentaires pour nous épargner la fatigue d'une longue journée de shopping à Paris. Cela réglait également une autre question difficile : quoi acheter dans une petite ville de campagne. Une fois épuisés le boucher, le boulanger et les petites courses, il n'y avait plus grand chose à acheter.

Dès le début de ma vie à la campagne, W. a toujours voulu que j'achète le plus possible en ville, et j'étais souvent perplexe. Aujourd'hui, les magasins se sont améliorés dans toutes les petites villes de campagne. Ils ont leurs affaires tout droit de Paris, avec de très bons catalogues, de sorte qu'on peut assez bien commander. Les choses sont bien sûr plus chères, mais je pense qu'il est juste d'apporter toute l'aide possible aux habitants du pays. Un hiver froid à Bourneville, alors que notre maison était pleine de monde, il y a eu une soudaine demande de couvertures. Je pensais que ma « lingerie » était plutôt bien garnie, mais un monsieur voulait quatre couvertures sur son lit, trois sur lui et une sous le drap. Un couple voulait la même chose, seulement une de plus, une couverture pour un grand fauteuil près du feu. Je suis allé à La Ferté pour voir ce que je pouvais trouver : pas de couvertures blanches nulle part, quelques-unes plutôt belles rouges, et beaucoup de couvertures grises rigides (pas du tout chaudes) qu'on donne aux soldats. Naturellement, il n'en était pas question, mais j'en ai pris trois ou quatre rouges, qui ne pouvaient bien sûr pas aller dans les chambres d'amis, mais étaient distribuées sur les lits de la famille, leurs blanches allant aux amis. Après cette expérience, j'ai toujours eu une réserve de couvertures, mais on ne m'en a plus jamais demandé autant. Vivre à la campagne, avec des gens qui restent constamment dans la maison, donne un bon aperçu du mode de vie des autres et des nécessités de la vie pour eux. Je pensais que notre maison était plutôt bien aménagée. Nous étions une grande fête familiale et avions tout ce que nous voulions, mais certaines demandes étaient curieuses, variant bien sûr selon les nationalités.

Les Chambres se réunirent à Paris fin novembre et prirent possession de leurs maisons respectives sans le moindre trouble d'aucune sorte. Jusqu'au dernier moment, certains étaient nerveux et prédisaient toutes sortes de problèmes et de complications. Nous avons passé la Toussaint à la campagne avec des amis, et leurs visions de l'avenir étaient si sombres qu'elles en étaient presque contagieuses. Un après-midi où nous étions tous réunis au salon pour le thé, après une belle journée de tournage, la conversation (généralement rétrospective) fut si mélancolique que j'en fus assez impressionné : « Le début de la fin, la faiblesse coupable. du gouvernement et des modérés, cédant entièrement la place aux radicaux, une invitation à la populace parisienne à s'immiscer dans les séances des Chambres », et une variété de remarques similaires.

Cela aurait été drôle si l'on n'avait pas senti que les orateurs étaient vraiment sérieux et anxieux. Cependant, rien ne s'est produit. Les premiers jours, il y avait une petite foule parfaitement calme et bien élevée, ainsi qu'une police très forte, au Palais Bourbon, mais je pense plus par curiosité et par nouveauté de revoir des députés au Palais Bourbon que par tout autre raison. Si le calme était dehors, on ne pourrait pas en dire autant de l'intérieur de la Chambre. Le combat commença aussitôt avec véhémence. Les discours, les interpellations et les attaques contre le gouvernement étaient à l'ordre du jour. Les différents membres du cabinet firent des déclarations expliquant leur politique, mais apparemment ils n'avaient satisfait personne des deux côtés, et il était évident que la Chambre était non seulement mécontente mais activement hostile.

W. et ses amis étaient très découragés et dégoûtés. Ils étaient allés aussi loin qu'ils pouvaient en termes de concessions. W., en tout cas, n'en ferait pas davantage, et il était évident que la Chambre saisirait le premier prétexte pour renverser le ministère. W. voyait Grévy très souvent. Il était opposé à tout changement, ne voulait pas que W. s'en aille, disait que sa présence au Foreign Office donnait confiance à l'Europe - il pourrait peut-être rester au Foreign Office et démissionner de son poste de Premier ministre, mais que, naturellement, il le ferait. Je ne le fais pas. Il en avait vraiment marre de tout ça.

Grévy était un républicain convaincu, mais un républicain à l'ancienne, pas du tout enthousiaste, plutôt sceptique, qui ne voyait pas du tout la République idéale rêvée par les jeunes gens, où tous les hommes étaient pareils, et rien que de l'honnêteté et de la vérité. le patriotisme était le motif dominant. Je ne sais pas s'il est allé aussi loin qu'un diplomate connu, le prince Metternich, je crois, qui disait qu'il en avait tellement marre du mot fraternité que s'il avait un frère, il l'appellerait « cousin ». Grévy était certainement très peu disposé à voir les choses passer entre les mains de la gauche la plus avancée. Je ne pense pas qu'il aurait pu faire quoi que ce soit – on dit qu'aucun président constitutionnel (ni roi non plus) ne le peut.

Il y avait une grande rivalité entre lui et Gambetta. Les deux hommes occupaient une position si forte au sein du parti républicain qu'il était dommage qu'ils ne puissent pas se comprendre. Je suppose qu'ils étaient trop différents : Gambetta vivait dans une atmosphère de flatterie et d'adulation. Sa tête aurait pu être tournée : tous ses familiers étaient à ses pieds, accrochés à ses paroles, le plaçant au sommet d'un splendide patriote. L'entourage de Grévy était beaucoup plus calme, reconnaissant sa grande capacité et son esprit juridique aiguisé, peu enthousiaste mais toujours désireux d'avoir son avis et s'appuyant beaucoup sur son jugement. Il y a eu bien sûr toutes sortes de rencontres et de conversations chez nous, avec Léon Say, Jules Ferry, Casimir Périer et d'autres. Saint Vallier arrivait de Berlin, où il était encore ambassadeur. Il était très inquiet de la situation en France – il disait que Bismarck était très inquiet du grand pas que les radicaux avaient fait dans le nouveau Parlement – il craignait que les modérés ne se montrent pas. *Je* crois qu'il était content et espérait qu'une succession de ministères incapables et de querelles internes affaibliraient encore davantage la France et l'empêcheraient de reprendre sa place de grande puissance. Ce n'était pas un vainqueur généreux.

Tant que W. était au ministère des Affaires étrangères, les choses se passaient très bien. Lui et St. Vallier pensaient de la même manière sur la plupart des sujets, de la politique intérieure et extérieure, et depuis le congrès de Berlin, où W. avait pris contact avec tous les principaux hommes d'Allemagne, il leur était bien sûr beaucoup plus facile de travailler ensemble. Nous dînions généralement chez ma mère le dimanche soir, surtout à cette époque de l'année, où les banquets officiels n'avaient pas encore commencé et où nos dimanches étaient libres. Les soirées étaient toujours intéressantes, car nous voyions beaucoup de monde, toujours anglais et américains, et en fait de toutes nationalités. Nous avions tellement vécu à l'étranger que nous connaissions des gens partout dans le monde, ce qui nous changeait de l'éternelle politique et du discours « commercial » que nous entendions partout ailleurs. Certains d'entre eux, les Anglais en particulier (je ne pense pas que les Américains se souciaient beaucoup de politique étrangère), étaient très intéressés et curieux de savoir ce qui se passait et la chute probable du cabinet. Une dame anglaise m'a dit : « Comme ce sera terrible pour vous lorsque votre mari ne sera plus ministre ; votre vie sera si ennuyeuse et vous aurez d'autant moins d'importance. » La dernière partie de la phrase était sans doute vraie : toute femme de fonctionnaire a une certaine importance en France, et quand son mari a été ministre des Affaires étrangères et premier ministre, on tombe d'une certaine hauteur, mais je ne pouvais pas accepter la première partie, que mon la vie serait forcément ennuyeuse parce que je n'étais plus ce qu'un de mes amis disait en Italie, parlant de femme de ministre, de donna publica. J'ai commencé à lui expliquer que j'avais vraiment un certain intérêt pour la vie en dehors de la politique, mais elle était tellement convaincue de la véracité de son observation qu'il était tout à fait inutile de poursuivre la conversation, et bien sûr, je m'en fichais. Un autre, américain cette fois, m'a dit : « J'espère que cela ne vous dérange pas que je ne sois jamais venu vous voir depuis votre mariage, mais je n'ai jamais pu me souvenir de votre nom ; je savais seulement qu'il commençait par W. et un on le voit très souvent dans les journaux."

Arthur Sullivan, le compositeur anglais, était là une nuit. Il était venu à Paris pour entendre jouer au Conservatoire une de ses symphonies et était très satisfait de l'accueil qu'elle avait reçu par ce public très critique. Il fut assez surpris de trouver les Parisiens si enthousiastes – il avait toujours entendu dire que la Salle de Paris était si froide.

Miss Kellogg, la prima donna américaine, était là aussi ce soir-là, et nous avons fait beaucoup de musique, elle chantait et Sullivan accompagnait par cœur. Mme Freeman, épouse de l'un des secrétaires anglais, a déclaré à W. que la reine Victoria avait tellement apprécié sa conversation avec lui, « tout à fait comme si je parlais avec l'un de mes propres ministres ». Elle avait trouvé Grévy plutôt raide et réservé – elle trouvait leur conversation absolument banale. Ils parlaient en français, et comme Grévy ne connaissait ni l'Angleterre ni les Anglais, l'entretien ne pouvait pas être intéressant.

Nous avons vu beaucoup de monde le mois dernier dîner avec tous nos collègues du corps diplomatique. C'étaient déjà des dîners d'adieux, puisque chaque jour dans les journaux on annonçait la chute du ministère et les noms des nouveaux ministres étaient publiés. Je pense que les diplomates étaient désolés de voir W. partir, mais bien sûr, ils n'avaient pas d'opinion très arrêtée sur le sujet. Leur tâche est d'être en bons termes avec tous les ministres des Affaires étrangères et d'en tirer le meilleur parti possible. Ce sont, à de rares exceptions près, des oiseaux de passage, et ne se soucient pas beaucoup de changer de meuble. Cependant, ils étaient tous très polis, pas trop diffus, et on avait l'impression qu'ils le seraient tout autant envers notre successeur et envers son successeur. Il doit en être ainsi ; il n'y a pas de métier aussi absolument banal que la diplomatie. Tous les diplomates, depuis l'ambassadeur jusqu'au plus jeune secrétaire, doivent suivre leurs instructions, et si par hasard un ambassadeur prend une initiative, profitant d'être sur place et connaissant le caractère du peuple, il est aussitôt désavoué par son chef. .

J'étais devenu très philosophe, j'étais tout à fait prêt à partir ou à rester, je ne me souciais plus du combat ni des attaques contre W., qui n'étaient pas très vicieuses, mais si absurdes que personne qui le connaissait ne pouvait y attacher la moindre importance. pour eux. Il s'en fichait. Il avait toujours été protestant, avec un nom anglais, éduqué en Angleterre, donc la réitération de ces faits, très exagérée et conduisant à la conclusion qu'en raison de sa naissance et de son éducation, il ne pouvait pas être un républicain français convaincu, ne l'a pas beaucoup affecté. Il m'avait toujours promis un hiver en Italie en quittant ses fonctions. Il n'était jamais allé à Rome et j'étais ravi à la perspective de revoir cette belle terre, tout en ciel bleu, en soleil éclatant et en visages souriants.

Nous dînions souvent chez ML, l'oncle de W., qui nous tenait au courant (et c'était peu) de tout ce qui se passait dans le camp royaliste, mais cela n'avait pas d'importance. Les républicains avancés faisaient ce qu'ils voulaient, et il était évident que l'époque des mesures conciliantes et des hommes modérés était révolue. W. n'était pas un homme de club, allait très rarement à son club, mais son oncle y venait tous les après-midi avant le dîner, et nous racontait tous les potins de ce monde très hostile à la République, et croyant encore bien que leur tour était venu. viendrait. Son oncle n'était pas de cet avis. C'était un homme très intelligent, un diplomate qui avait vécu dans de nombreux endroits et connu beaucoup de gens, et qui était entièrement du côté des royalistes, mais il pensait que leur cause était perdue, du moins pour un temps. Il demandait souvent à certains de ses amis de nous rencontrer au dîner, disait que c'était une bonne chose pour W. d'entendre ce que pensaient les hommes de l'autre côté, et W. était très heureux de les rencontrer. Ils lui étaient tous absolument opposés en politique, et les discussions étaient parfois vives, mais il n'y avait jamais rien de personnel : tous étaient des hommes du monde, avaient vu dans leur vie bien des changements en France ; beaucoup ont joué un rôle politique sous les régimes précédents. Il me semblait qu'ils sous-estimaient l'intelligence et la force du parti républicain.

L'un des habitués était le marquis de N., un homme charmant, assez large d'esprit (vu l'atmosphère dans laquelle il vivait) et sceptique au plus haut point. Il était un grand ami du maréchal Mac-Mahon et avait été préfet à Pau, où il occupait une grande position. Il était très dictatorial, très franc, mais il était un grand favori, particulièrement auprès de la colonie anglaise, qui est nombreuse là-bas pendant la saison de chasse. Il avait accepté de dîner un soir chez une famille anglaise, qui vivait dans une villa un peu en dehors de la ville. Ils eurent un accident en route qui les retarda beaucoup, et quand lui et la marquise arrivèrent, la compagnie était à table. Il fit rappeler aussitôt sa voiture et quitta la maison malgré toutes les explications et excuses de son hôte, disant que lorsqu'« on avait l'honneur de recevoir le marquis de N., on l'attendait à dîner ».

Nous l'avons toujours beaucoup vu, car sa fille épousa le comte de F., qui fut quelque temps dans le cabinet de W. au Quai d'Orsay, et ensuite avec nous les dix années que nous passâmes à l'ambassade de Londres. , où ils faisaient partie intégrante de la famille. Ils étaient tous deux parfaitement adaptés à la vie diplomatique, notamment en Angleterre. Tous deux parlaient bien anglais, connaissaient tout le monde et se souvenaient de tous les visages et de tous les noms, ce qui n'était pas chose facile en Angleterre, où les noms et les titres changent si souvent. Je connais plusieurs Anglaises qui portaient quatre prénoms différents. Lady Holland était également une amie de « Oncle Alphonse » et y dînait souvent. Elle était d'apparence délicate, plutôt calme dans la conversation générale, même si elle parlait français facilement, mais était intéressante lorsqu'elle parlait à une ou deux personnes. Nous allions souvent dans sa belle maison à Londres, les premières années où nous étions à l'ambassade, et nous rencontrions toujours des gens intéressants. Son salon était très cosmopolite : tous ceux qui venaient à Londres voulaient aller à Holland House, qui était un musée rempli de belles choses.

Une autre dame qui fréquentait souvent mon oncle était d'un tout autre type, Mademoiselle A., une ancienne élève du Conservatoire, qui avait fait une courte carrière à la Comédie Française bien des années auparavant. Elle était vraiment charmante, et ses histoires de coulisses et de jalousies entre les auteurs et les acteurs, notamment les stars (qui acceptaient difficilement la moindre observation de l'auteur de la pièce), étaient des plus amusantes. Une fois la pièce acceptée, elle passa dans le domaine du théâtre, et les acteurs se sentaient libres d'interpréter les rôles selon leurs idées et leurs traditions. Elle avait une diction parfaite ; c'était un plaisir de l'entendre. Elle a récité un soir un des petits contes d'Alphonse Daudet, « Lettres de mon Moulin », je crois, commençant par : « Qui n'a pas vu Avignon du temps des Papes n'a rien vu ». On ne pouvait rien entendre de plus charmant, d'une voix parfaitement exercée, et dit si facilement et si naturellement.

Je suppose que personne ne l'écouterait de nos jours. Bridge a supprimé toute conversation, musique ou plaisir artistique de quelque nature que ce soit. Il faut qu'elle prenne fin un jour, comme toutes les folies, mais à l'heure actuelle elle a détruit la société. Cela a été une aubaine pour de nombreuses personnes sans importance ni position particulière qui l'ont utilisé comme tremplin pour entrer dans la société. Si les gens jouent une bonne partie de bridge, ils sont les bienvenus dans un grand nombre de maisons qui autrefois leur auraient été fermées, et c'est une grande ressource pour les dames qui ne sont plus très jeunes, les veuves et les célibataires, qui trouvent leurs journées longues et ne savent pas quoi faire de leur vie.

Malgré ses préoccupations, W. réussit à obtenir quelques jours de tournage en novembre. Il a tourné plusieurs fois à Rambouillet avec Grévy, qui était un excellent tireur, et ses petits déjeuners de chasse étaient très agréables. Il y avait beaucoup de gibier, tout était très bien organisé et la compagnie était agréable. Il s'adressait toujours aux ministres, aux ambassadeurs et à de nombreux hommes politiques de premier plan et très souvent à certains de ses vieux amis, avocats et hommes de diverses professions, que W. était ravi de rencontrer. Leurs idées n'étaient pas aussi fluides que celles de la plupart des hommes avec qui il vivait, et c'était un plaisir d'entendre des discussions qui n'étaient ni politiques ni personnelles. Les attaques brutales contre les personnes étaient si éprouvantes dans les premiers jours de la République. Tout homme un peu plus en vue que son voisin semblait la cible de toutes sortes d'insinuations et de critiques.

Nous sommes allés pendant deux jours à "Pout", la belle maison de Casimir Périer dans le département de l'Aube, où nous avons eu un tournage capital.

Il faisait déjà extrêmement froid pour la saison : le grand étang de la cour était durement gelé et le vent sifflait à nos oreilles lorsque nous roulions en calèche découverte pour rejoindre les tireurs au petit-déjeuner. Même moi, qui n'ai pas habituellement froid, j'étais reconnaissant d'être bien enveloppé dans des fourrures. Le Pavillon d'Hiver nous parut très accueillant : un immense feu brûlait dans la cheminée, un autre juste à l'extérieur, où se préparait la soupe et le ragoût pour l'armée des batteurs. Nous avions tous de jolis petits chauffe-pieds sous nos chaises et étions aussi confortables que possible. En fait, il faisait trop chaud lorsque les tireurs sont entrés et nous nous sommes assis pour prendre le petit-déjeuner. Nous avons été obligés d'ouvrir la porte. Au petit-déjeuner, la conversation était entièrement « commerciale », chacun racontant ce qu'il avait tué ou manqué, et dès qu'ils avaient fini de petit-déjeuner, ils repartaient. Nous avons suivi une ou deux battues (faisans), mais il faisait vraiment trop froid et nous étions contents de rentrer chez nous à pied pour nous réchauffer.

Le dîner et la soirée furent agréables : tout le monde parlait, la plupart critiquant librement le gouvernement. Cela ne dérangeait pas W., ils étaient tous amis. Il se défendait parfois, se contentant de demander ce qu'on aurait fait à sa place (il était tout à fait prêt à recevoir toutes les suggestions), mais rien de pratique ne sortait jamais des discussions. Je pense que le poste politique le plus agréable au monde doit être celui de « chef de l'opposition » : vous n'avez aucune responsabilité, pouvez concentrer toutes vos énergies à signaler les points faibles de l'armure de votre adversaire et avez toujours du pain sur la planche. car dès qu'un ministère tombe, on peut se mettre au travail pour démolir son successeur, ce qui semble être l'occupation la plus intéressante possible.

La grande question qui inquiétait les Chambres et le pays, c'était l'amnistie générale. Bien entendu, W. n'accepterait jamais. Il peut y avoir des exceptions. Certains des hommes qui participèrent à la Commune étaient si jeunes, à peine plus que des garçons, emportés par l'exemple de leurs aînés et l'excitation du moment, et il y eut des articles patriotiques enflammés dans presque tous les journaux républicains invitant la France à faire le beau geste de la mère patrie et ouvrir les bras à ses enfants égarés, et divers hommes sensés et expérimentés ont vraiment pensé qu'il valait mieux tout effacer et recommencer sans que de sombres souvenirs viennent assombrir les débuts de la jeune République. Combien de théories brillantes, optimistes et impossibles j'ai entendues avancer tout ce temps-là, et comment les quelques membres restants du Centre Gauche ont essayé de raisonner les hommes les plus libéraux du Centre Droit et de les persuader franchement de se rendre à l'évidence que le pays avait envoyé une forte majorité républicaine au Parlement et de tirer le meilleur parti du fait accompli. Je suppose que c'était trop leur demander de revenir sur les traditions de leur vie, mais après tout ils étaient Français, leur pays se remettait tout juste d'un terrible désastre et avait besoin de tous ses enfants. Pendant la guerre franco-prussienne, tout sentiment de parti fut oublié. Tout homme était d'abord Français face à un ennemi étranger, et s'ils avaient pu rester fermement unis dans les premiers jours qui ont suivi la guerre, la force du pays aurait été merveilleuse. Toute l'Europe était stupéfaite de la manière dont la France payait ses milliards, et personne plus que Bismarck, qui aurait dit que s'il avait pu rêver que la France puisse payer si rapidement cette somme énorme, il aurait demandé beaucoup plus.

Décembre a été très froid, de la neige et de la glace partout, et des gelées très fortes, qui ne cédaient pas du tout lorsque le soleil se levait occasionnellement en milieu de journée. Tout le monde patinait, non seulement dans les clubs du Bois de Boulogne, mais sur les lacs, ce qui arrive très rarement, car l'eau est assez profonde. La Seine était pleine de gros blocs de glace qui se coinçaient contre les ponts et faisaient un bruit sourd et discordant lorsqu'ils se heurtaient les uns aux autres. Les bateaux à vapeur ne circulaient plus, et des foules de flâneurs rôdaient sur les quais et sur les ponts, se demandant si le froid durerait assez longtemps pour que le fleuve soit complètement gelé.

W. et moi sommes allés deux ou trois fois au Cercle des Patineurs du Bois de Boulogne et nous avons bien patiné. Les femmes ne patinaient pas aussi bien à l'époque qu'aujourd'hui, mais elles étaient très jolies dans leurs costumes de velours et de zibeline. C'était drôle de les voir trébucher sur la glace avec un homme qui les soutenait de chaque côté. Cependant, ils ont beaucoup apprécié. Il faisait un temps hivernal magnifique, très froid mais pas de vent, et c'était un très bon exercice. Tout le monde était là et les après-midi passaient assez vite. Je n'avais pas patiné depuis des années, ayant passé tous mes hivers en Italie, mais partant du principe qu'on n'oublie jamais rien de ce qu'on sait bien, j'ai pensé essayer, et je dirai que la première demi-heure a été une souffrance absolue. Autrefois, on portait encore une sangle sur le cou-de-pied, qui était naturellement très serrée. Mes pieds étaient comme des morceaux de glace, aussi lourds que du plomb, et je ne semblais pas pouvoir les soulever du sol. Je suis retourné au vestiaire pour enlever mes patins pendant quelques minutes, et quand le sang a recommencé à circuler, j'aurais pu pleurer de douleur. Une amie débutante, assise à côté d'elle et attendant qu'on lui chausse les patins, était plutôt découragée et me dit : "Tu n'as pas l'air de t'amuser. Je ne pense pas que j'essaierai ". "Oh oui, il le faut, les débuts sont toujours difficiles", et vous apprendrez. J'irai bien dès que je recommencerai. Elle avait l'air un peu dubitative, mais je l'ai revue plus tard dans la journée, alors que j'avais oublié mes souffrances, et elle patinait aussi facilement que lorsque j'étais petite. Je pense qu'il faut apprendre jeune. Après tout, c'est plus ou moins une question d'équilibre. Quand on est jeune, une chute ne nous dérange pas.

W., qui s'était retiré dans un coin pour s'entraîner un peu seul, me raconta qu'un de ses amis, le comte de Pourtalès, pas du tout de sa façon de penser en politique, impérialiste, était très content d'un petit jeu d'enfant. 'esprit qu'il avait fait à ses dépens. W. a attrapé le dessus de son patin dans une crevasse de la glace et est tombé assez lourdement en position assise. Le comte de Pourtalès, qui se tenait tout près sur la berge, vit la chute et cria aussitôt : « Est-ce possible que je voie le Président du Conseil par terre ? (Est-il possible que le Président du Conseil soit tombé ?) La petite plaisanterie était tout à fait de bonne guerre et tout à fait appropriée, car le cabinet était chancelant et très proche de sa chute. Cela amusait W. autant que les spectateurs.

Le froid augmentait chaque jour, le sol était durement gelé, les rues très glissantes et très difficiles. Tous nos chevaux étaient mal ferrés, mais malgré cela, nous progressions très lentement. Certains omnibus étaient sur patins, et un ou deux jeunes hommes du ministère avaient enlevé les roues de leurs voitures légères et les avaient mis sur patins, mais on n'a pas vu beaucoup de vrais traîneaux ou traîneaux, comme ils les appellent. ici. J'imagine que "traîneau" est une expression entièrement américaine. La Seine fut enfin complètement prise, et le public fut admis sur la glace, qui était très épaisse. C'était un très joli spectacle animé, beaucoup de stands comme ceux qu'on voit sur le boulevard pendant les vacances de Noël étaient installés sur la glace près des berges, et la rivière était noire de monde. Ils ne pouvaient pas beaucoup patiner, car la glace était rugueuse et il y avait trop de monde, mais ils couraient, glissaient, criaient et s'amusaient énormément. Je voulais traverser un jour avec mon garçon, pour qu'il dise qu'il avait traversé la Seine à pied, mais W. ne voulait pas du tout. Cependant, le préfet de la Seine, qu'il a consulté, lui a dit qu'il n'y avait absolument aucun danger : la glace avait plusieurs centimètres d'épaisseur, alors je suis parti un après-midi, accompagné d'une des secrétaires. Il fut très étonné et plutôt nerveux de me voir avec mes bottes ordinaires. Il avait des clous dans les siens, et un de nos amis que nous avons rencontré sur la glace avait des chaussettes de laine par-dessus ses bottes. Ils étaient sûrs que je glisserais et que je ferais peut-être une mauvaise chute. "Mais personne ne pouvait glisser sur cette glace ; c'est assez accidenté, c'était presque un champ labouré", mais ils étaient mal à l'aise et furent très heureux lorsque j'atterris en toute sécurité de l'autre côté et montai dans la voiture. Juste au milieu, les garçons avaient parcouru un chemin sur la glace pour faire une glissade. Ils couraient de haut en bas en bandes, et les dépassements constants avaient rendu le terrain assez plat et très glissant. Nous avons vu trois ou quatre piétons imprudents tomber, mais si l'un d'eux restait à l'extérieur, près de la berge, il n'y avait aucun risque de glisser.

Le froid extrême qui a duré si longtemps a apporté de nombreux inconforts. De nombreux trains transportant du bois et des provisions ne pouvaient pas arriver à Paris. Les voies ferrées étaient toutes bloquées et les Parisiens s'inquiétaient, craignant de manquer de nourriture et de carburant. Nous étions très à l'aise dans les grandes salles du ministère. Il y avait des feux crépitants partout, et deux ou trois calorifères. La vue depuis les fenêtres du quai était charmante tant que durait le grand froid, surtout la nuit, quand le fleuve était animé de monde, de lumières, de lanternes colorées et de musique. De temps en temps, il y avait une ronde ou une farandole, la farandole se frayant un chemin à travers la foule, chacun portant une lanterne et ressemblant à un serpent brillant qui serpentait dedans et dehors.

Un soir, des gens dînaient et ils ne pouvaient pas s'éloigner des fenêtres. Certains jeunes (anglais) voulaient descendre et s'amuser sur la glace, mais ce n'était pas possible. La foule, bien que de bonne humeur et simplement occupée à s'amuser, avait dégénéré en canaille. On aurait été obligé d'avoir une forte escorte de policiers, et d'ailleurs en tenue de soirée, même avec des manteaux de fourrure et les bottes de fourrure et de laine que chacun portait sur ses chaussures fines, on aurait certainement risqué d'avoir une grave crise de pneumonie. Un de nos grands amis, Sir Henry Hoare, dînait ce soir-là, mais il ne voulait pas descendre, préférant fumer son cigare dans une pièce chaude et parler politique avec W. Il avait beaucoup vécu à Paris, connaissait tout le monde. , et était membre du Jockey Club. Il s'intéressait beaucoup à la politique française et au fond était très libéral, sympathisait assez avec W. et ses amis et partageait leurs opinions sur la plupart des sujets, même si, comme il l'a dit : « Je ne diffuse pas ces opinions au Jockey Club ». Il venait souvent à nos grandes réceptions, aimait voir tout le monde. Lui aussi me racontait tout ce qui se disait dans son club sur la République et le gouvernement, mais il était un observateur avisé, avait été longtemps député en Angleterre et était arrivé à la conclusion que les discussions dans les clubs étaient surtout une « pose », — ils n'avaient pas vraiment beaucoup d'illusions sur la restauration de la monarchie, et ne pouvaient pas l'avoir, alors que même le duc de Broglie, avec son intelligence et sa suite (le faubourg Saint-Germain le suivait aveuglément), pouvait le faire. rien d'autre que faire une République constitutionnelle avec le maréchal MacMahon à sa tête.

On a toujours dit aussi que les femmes étaient plus intransigeantes que les hommes. Je suis allé un après-midi à un concert à l'ambassade d'Autriche, donné en faveur de quelques inondations, qui avaient été une catastrophe pour ce pays, des centaines de maisons, des gens et du bétail emportés ! Le public français avait répondu très généreusement, comme toujours, à l'appel pressant lancé par l'ambassadeur au nom de l'Empereur, et le gouvernement avait largement contribué à ce fonds. Le comte Beust, ambassadeur d'Autriche, fut bien entendu obligé d'inviter à la fête le Gouvernement et Madame Grévy, ainsi que ses amis du faubourg Saint-Germain. Ni Madame ni Mademoiselle Grévy ne sont venues, mais certaines femmes de ministres sont venues, et c'était drôle de voir les dames du monde regarder les dames républicaines, comme si elles étaient des habitantes d'une autre planète, des figures étranges qu'elles n'étaient pas habituées à voir. . Il est curieux de penser à tout cela maintenant, alors que les relations sont beaucoup moins tendues. Je me souviens, il n'y a pas très longtemps, lors d'une soirée dans une des ambassades, avoir vu beaucoup de femmes du monde se faire présenter à l'épouse du ministre des Affaires étrangères de l'époque, avec qui elles n'avaient certainement rien de commun, ni naissance, ni éducation, ni Mode de vie. Je parlais avec Casimir Périer (feu Président de la République) et cela nous a beaucoup amusé de voir les différentes présentations et le grand empressement des dames, qui toutes demandaient à être présentées à Madame R. "Que peuvent toutes ces femmes vouloir?" Je lui ai demandé. Il répondit aussitôt : « Des ambassades pour leurs maris ». Il aurait été préférable, je pense, d'un point de vue mondain, que davantage d'ambassades fussent données aux porteurs de quelques-uns des grands noms de France - mais il y avait alors en France tant de candidats pour toutes sortes de fonctions, d'ambassadeur à gendarme, que quiconque avait quelque chose à donner se trouvait dans une situation difficile.

XI

DERNIERS JOURS AU BUREAU ÉTRANGER

La fin décembre fut détestable. Nous étions en pleine crise pendant dix jours. Chaque jour, W. se rendait à la Chambre des députés dans l'espoir d'être battu, et chaque soir il revenait découragé et dégoûté. La Chambre rendait la position des ministres parfaitement intenable : on discutait de toutes sortes de propositions violentes et inutiles, et il y avait partout un courant sous-jacent de jalousie et d'intrigues. Un jour, juste avant Noël, vers le 20, W. et son chef de cabinet, le comte de P., partirent pour la maison, après le petit déjeuner : W. s'attendant à être battu par un vote de coalition d'extrême gauche, bonapartistes et légitimistes. C'était une politique insensée de la part des deux derniers, car ils savaient parfaitement qu'ils ne gagneraient rien à renverser le cabinet actuel. Ils n'en obtiendraient qu'un autre beaucoup plus avancé et plus magistral. Je suppose que leur idée était d'avoir une succession de ministres radicaux et inefficaces, qui finiraient par dégoûter le pays et rendraient possible un « sauveur », un prince (lequel ?) ou un général. Le temps a montré à quel point leur raisonnement était sage ! Je voulais aller à la Chambre pour entendre le débat, mais W. ne voulait pas de moi. Il serait obligé de parler et dit que cela l'inquiéterait si j'étais dans la tribune à écouter toutes les attaques contre lui. (Il est assez curieux que je ne l'ai jamais entendu parler en public, ni à la maison ni à la campagne, où il faisait souvent des discours politiques, en période électorale.) Il était si sûr que le ministère tomberait que nous avions déjà commencé à nettoyer. et j'ai fait du feu dans notre propre maison, alors cet après-midi-là, comme je ne voulais pas rester chez moi à attendre des télégrammes, je suis monté à la maison avec Henrietta. La gardienne nous avait déjà dit que le stock de bois et de charbon s'épuisait, qu'elle ne pouvait plus en obtenir dans le quartier et que si elle ne pouvait pas faire de feu, les tuyaux éclataient, ce qui était une perspective agréable avec le thermomètre. à je ne me souviens plus combien de degrés en dessous de zéro. Nous avons trouvé un bon nettoyage en cours – portes et fenêtres ouvertes dans toute la maison – et des femmes récurant les escaliers, les sols et les fenêtres, plutôt difficilement, avec peu de feu et peu d'eau. Cela avait l'air parfaitement morne et sans confort – pas du tout tentant. Tous les meubles étaient entassés au milieu des pièces et la bibliothèque de W. était une curiosité. Les livres et les brochures s'accumulaient rapidement chez nous, W. était membre de nombreuses sociétés littéraires de toutes sortes dans le monde entier, et les paquets et les cartons de livres non ouverts encombraient la pièce. H. et moi avons essayé d'arranger un peu les choses, mais ce jour-là c'était sans espoir et, en plus, il faisait très froid dans la maison. Il ne semblait pas qu'un incendie puisse faire une quelconque impression.

Comme nous ne pouvions rien y faire, nous sommes retournés au ministère. Aucun télégramme n'était arrivé, mais Kruft, notre fidèle et efficace chef du matériel, m'attendait pour les dernières instructions concernant un sapin de Noël. Quelques jours auparavant, j'avais décidé d'avoir un sapin de Noël, vers la fin du mois. W. pensait alors que le ministère durerait pendant les vacances, la trêve des confiseurs, et était tout à fait disposé à ce que j'organise une fête de Noël comme dernier divertissement. Il avait été trop occupé ces derniers jours pour penser à de pareilles bagatelles, et Kruft, n'ayant reçu aucune instruction contraire, avait commandé les cadeaux et les décorations. Il était plutôt déprimé, car W. lui avait dit ce matin-là que nous ne serions sûrement pas au Quai d'Orsay le 29, jour que nous avions choisi pour notre fête. Cependant, je l'ai rassuré et lui ai dit que nous aurions quand même le sapin de Noël, seulement chez moi et non au ministère. Nous allâmes voir ses cadeaux, qui étaient tous étalés sur une grande table dans un des salons. C'était vraiment un homme merveilleux, il n'oubliait jamais rien et il s'était rappelé qu'au dernier arbre, l'année précédente, une ou deux infirmières n'avaient pas reçu de cadeaux, et plusieurs de celles qui en avaient eu n'étaient pas contentes de ce qu'on leur avait offert. Il avait fait un très bon choix pour ces dames, des écharpes et des rabats en dentelle et des petits tours de cou de fourrure, vraiment très jolis. Je crois qu'ils étaient satisfaits cette fois. Les jeunes gens de la Chancellerie m'envoyèrent deux télégrammes : « rien de nouveau », « ministère debout ».

[Illustration : M. de Freyeinet. D'après une photographie de M. Nadaz, Paris]

W. rentra tard, très fatigué et très dégoûté de la politique en général et de son parti en particulier. Le cabinet vivait encore, mais uniquement pour donner à Grévy le temps d'en faire un autre. W. était allé à l'Elysée et avait eu une longue conversation avec Grévy. Il le trouva très préoccupé, très peu disposé à opérer un changement, et il pressa de nouveau W. de conserver le ministère des Affaires étrangères, si Freycinet parvenait à créer un ministère. Ce que W. n'accepterait pas, il en avait assez de tout cela. Il dit à Grévy qu'il avait tout à fait raison de faire venir Freycinet : si quelqu'un pouvait sauver la situation, il le pourrait. Nous avions à dîner un ou deux amis, hommes politiques, et ils discutaient de la situation sous tous les points de vue, finissant toujours par la même conclusion, que W. avait raison de partir. Sa politique n'était pas la politique de la Chambre (je ne dis pas celle du pays, car je pense que le pays savait peu de choses et se souciait moins de ce qui se passait au Parlement), ni la politique de tous ses propres collègues. Cela ne servait vraiment à rien de continuer à s'inquiéter à mort et à ne rien faire de bon. W. a déclaré que sa conversation avec Grévy était intéressante, mais qu'il était beaucoup plus préoccupé par la politique intérieure et les changements radicaux que les républicains voulaient introduire dans toutes les administrations que par la politique étrangère. Il a déclaré que l'Europe était calme et que le premier devoir de la France était de s'établir fermement, ce qui ne pourrait se faire que par la paix et la prospérité intérieures. Je l'ai dit à W. J'avais passé une heure très froide et inconfortable à la maison, et j'étais inquiet du froid, je pensais que je pourrais peut-être envoyer le garçon chez ma mère, mais il avait pris ses précautions et s'était arrangé avec le ministre de la Guerre. se faire livrer une certaine quantité de bois à la maison. Ils disposaient toujours de réserves de bois dans les différents ministères. Nous avions le nôtre directement de nos bois à la campagne, et il était en route, mais une flottille de bateaux était gelée dans le canal de l'Ourcq, et il pourrait s'écouler des semaines avant que le bois puisse être livré.

Nous avons dîné un soir à l'ambassade britannique, pendant que se déroulaient tous ces pourparlers, en petit comité, tous anglais, Lord et Lady Reay, Lord Edmond Fitz-Maurice et un ou deux membres du Parlement dont j'ai oublié les noms. Lord et Lady Reay étaient tous deux très passionnés de politique, connaissaient bien la France et étaient très intéressés par la phase qu'elle traversait. Lord Lyons était charmant, si amical et sensé, il disait qu'il n'était pas surpris que W. veuille partir – il espérait toujours que cette crise passerait comme tant d'autres qu'il avait vues en France ; que la présence de W. au ministère des Affaires étrangères au cours de l'année dernière avait certainement été une aide pour la République - il a ajouté qu'il ne croyait pas que sa retraite durerait très longtemps. Il faisait un froid épouvantable lorsque nous sortîmes de l'ambassade : très peu de voitures sortaient, tous les cochers enveloppés dans des cache-nez et des bonnets de fourrure, et la place de la Concorde était une mer de glace si glissante que je pensais que nous ne devions jamais traverser et franchir la frontière. pont. Je suis allé à l'Opéra un soir de la semaine, j'y suis arrivé en entr'acte, alors que les gens se promenaient et lisaient les journaux. En croisant plusieurs groupes d'hommes, j'ai entendu prononcer le nom de W., ainsi que celui de Léon Say et Freycinet, mais en passant rapidement je n'ai entendu aucun commentaire. J'imagine qu'ils n'étaient pas favorables dans ce milieu. Il faisait très froid dans la maison – presque toutes les femmes portaient leur manteau – et la sortie était quelque chose d'affreux, traversant ce large perron face à un vent mordant.

Cette fois, je commençai sérieusement à faire mes bagages, car W. était bien décidé. Il a bien réfléchi et a eu un dernier entretien avec Freycinet, qui aurait aimé garder W. et Léon Say, mais il n'a pas été facile de gérer l'élément nouveau que Freycinet apportait avec lui. Les nouveaux membres étaient beaucoup plus avancés dans leurs opinions. W. n'aurait pas pu travailler avec eux, et ils ne voulaient certainement pas travailler avec lui. La session d'automne se termina dans l'agitation le 26 décembre, et le lendemain les journaux annonçaient que les ministres avaient remis leur démission au président, qui les avait acceptées et avait chargé M. de Freycinet de former un cabinet. Nous avons dîné avec maman le jour de Noël, une fête de famille, avec en plus le Comte de P. et un ou deux Américains égarés qui étaient dans des hôtels et bien sûr ravis de ne pas dîner le jour de Noël à une table d'hôte ou à un café. W. était plutôt fatigué ; parler et voir tant de gens de toutes sortes était très fatiguant, car, tant que sa démission n'était pas officielle, annoncée au *Journal Officiel*, il était toujours ministre des Affaires étrangères. Un des derniers jours, alors qu'ils espéraient parvenir à un accord, il fut obligé de rentrer tôt pour recevoir la mission du Maroc. Je les ai vus arriver ; c'était un bel ensemble d'hommes, grands, puissamment bâtis, la peau rouge-brun, pas noire, entièrement vêtus de blanc, des turbans aux sandales. Aucun d'entre eux ne parlait français : toute la conversation s'est déroulée par l'intermédiaire d'un interprète. Malgré nos inquiétudes, nous avons passé une soirée très agréable et W. était très joyeux et attendait avec autant de plaisir que moi notre voyage en Italie.

W. a confié le ministère à Freycinet, le lundi 28, la transmission des pouvoirs. Freycinet était très gentil et amical, regrettant que lui et W. ne soient plus collègues. Il pensait que son ministère était fort et était convaincu qu'il dirigerait la Chambre. W. lui dit qu'il pourrait s'installer dès qu'il voudrait au Quai d'Orsay, que nous partirions tout de suite et dormirions chez nous mercredi soir. Freycinet m'a dit que madame de Freycinet (que je connaissais bien et que j'aimais beaucoup) viendrait me voir mercredi et voudrait faire la visite de la maison avec moi. J'ai été plutôt surpris lorsque W. m'a dit que nous devions dormir dans notre propre maison mercredi soir. L'emballage proprement dit ne fut pas très gênant, car je n'avais pas ramené beaucoup de mes affaires de la rue Dumont d'Urville. Il n'y avait guère de camions chargés de petits meubles et de cartons, mais le rassemblement de toutes les petites choses était ennuyeux : livres, bibelots, musique, cartes et notes (en quantité, lettres de condoléance, qu'il fallait emporter). soigneusement triés car il fallait répondre à tous). L'hôtel du Quai d'Orsay était bondé de monde ces deux derniers jours, tous les amis de W. venant exprimer leurs regrets de son départ, certains très sincèrement désolés de le voir partir, car son nom et son caractère inspiraient certainement confiance à l'étranger. —et certains se réjouissaient qu'il ne fasse plus partie d'un cabinet aussi avancé—(certains disaient "de cet infect gouvernement"), où il était obligé par sa simple présence de sanctionner bien des choses qu'il n'approuvait pas. Lui et Freycinet ont eu une longue conversation mercredi, car W. voulait naturellement être sûr que des dispositions seraient prises pour son chef de cabinet et ses secrétaires. Chaque nouveau ministre amène avec lui son propre personnel. Freycinet proposa à W. l'ambassade de Londres, mais il ne voulut pas l'accepter, en avait assez de la vie publique pour le moment. Moi non plus, je n'en avais pas envie, je n'avais jamais beaucoup vécu en Angleterre, je n'y avais pas beaucoup d'amis et je comptais les jours jusqu'à ce que nous puissions partir pour Rome. Il y a eu un résultat amusant lorsque

W. a refusé l'ambassade de Londres. L'amiral Pothnau, que W. y avait nommé, et qui était très apprécié, vint un jour le voir et lui fit une grande scène parce que Freycinet lui avait offert l'ambassade de Londres. W. a dit qu'il ne comprenait pas pourquoi il avait fait une scène, car il l'avait refusée. "Mais cela n'aurait jamais dû vous être proposé par-dessus ma tête." "Peut-être, mais ce n'est pas ma faute. Je ne l'ai pas demandé et je ne le veux pas. Si vous pensez avoir été maltraité, vous devriez en parler à Freycinet." Cependant, l'amiral était très contrarié et resta longtemps très cool avec nous deux. Je suppose que son idée était qu'être rappelé signifierait qu'il n'avait pas bien réussi à Londres, ce qui était une erreur, car il y était très apprécié.

Nous avons dîné seuls hier soir au ministère, et nous sommes restés quelque temps à la fenêtre, regardant la foule s'amuser sur la Seine, et nous demandant si nous reverrons jamais le quai d'Orsay. Après tout, nous y avions vécu deux années très heureuses et intéressantes — et des souvenirs qui dureraient toute une vie. — Certaines des dernières expériences du mois de décembre avaient été plutôt décevantes, mais je suppose qu'il ne faut pas introduire de sentiment dans la politique. Dans le monde, il s'agit toujours de donner et, quand on n'est plus en mesure de donner beaucoup, on se tourne naturellement vers l'homme qui monte. Le comte de P., chef de cabinet, arriva en retard, comme d'habitude, pour avoir une dernière causerie. Lui aussi avait été très occupé, car il possédait un petit appartement et des écuries dans l'hôtel du ministère, et il avait également très hâte de s'enfuir. Il nous dit que tous les jeunes gens du cabinet étaient bien désolés de voir partir W. — au début ils l'avaient trouvé un peu froid et réservé — mais deux années d'expérience leur avaient montré que, s'il n'était pas expansif, il parfaitement juste, et il faisait toujours ce qu'il disait qu'il ferait.

Le lendemain, Mme de Freycinet vint me voir et nous visitâmes la maison. Les salons ne lui importaient pas, car ls n'avaient jamais vécu au quai d'Orsay, restaient dans leur propre hôtel près du bois de Boulogne. Freycinet venait tous les jours au ministère, et elle seulement les jours de réception ou de fête. Au moment où elle s'en allait, entra Mme de Zuylen, femme du ministre hollandais, une de mes grandes amies. Elle me dit qu'elle avait beaucoup de peine à se lever, car j'avais interdit ma porte, mais mon fidèle Gérard (je crois) Il me manquait autant qu'autre chose au début), sachant que nous étions amis, j'ai pensé que Madame aimerait la voir. Elle m'a rendu une assez longue visite, je lui ai même offert du thé provenant d'assiettes et de porcelaine du gouvernement, tout le mien avait déjà été envoyé chez moi. Nous restâmes assis à discuter pendant un moment. Elle avait entendu dire que W. avait refusé l'ambassade de Londres, craignait que ce ne soit une erreur et que l'hiver à Paris serait difficile pour lui - il serait certainement en opposition avec le gouvernement sur toutes sortes de questions - et si s'il restait à Paris, il irait naturellement au Sénat et voterait. J'étais tout à fait d'accord qu'il ne pouvait pas se détacher brusquement de toutes les discussions politiques, qu'il devait y participer et voter. La politique de l'abstention m'a toujours semblé la ligne la plus faible possible en politique. Si un homme, pour une raison ou une autre, n'a pas le courage de ses opinions, il ne doit prendre aucune position où cette opinion aurait du poids. Je lui ai dit que nous allions en Italie dès que nous pourrions descendre après les vacances.

Pendant que nous parlions, un message est arrivé pour dire que les jeunes hommes du cabinet venaient tous me dire au revoir. J'avais vu les réalisateurs plus tôt dans la journée, alors Madame de Zuylen prit congé en promettant de venir à mon sapin de Noël de la rue Dumont d'Urville. Les jeunes hommes semblaient désolés de me dire au revoir – moi aussi. J'en avais vu beaucoup et je les trouvais toujours prêts et désireux de m'aider de toutes les manières. Le comte de Lasteyrie, qui était pour nous un grand ami et un secrétaire, voyageait beaucoup avec nous. W. faisait très souvent appel à lui pour toutes sortes de choses, sachant qu'il pouvait lui faire entièrement confiance. Il raconta à un de mes amis qu'une de ses fonctions principales était d'accompagner Mme Waddington à toutes les ventes de charité, portant sous le bras un paquet de chemises de femme. Il est vrai que j'achetais souvent des « vêtements de mauvaise qualité » aux soldes. Les objets exposés, sous forme de paravents, de coussins à épingles, de nappes et, au printemps, de chapeaux confectionnés par quelques dames, étaient si épouvantables que j'étais heureux d'avoir de pauvres vêtements sur lesquels m'appuyer, mais je ne le fais pas. je me souviens qu'il emportait toujours mes achats chez moi.

Ils furent très amusés lorsque soudain Francis fit irruption dans la chambre, après avoir échappé un instant à sa nonnon qui était occupée à faire ses derniers bagages, son petit visage rouge et frémissant de colère parce que ses jouets avaient été emballés et qu'il allait être emmené de la grande maison. Il a donné des coups de pied et a crié comme un petit fou, jusqu'à ce que son infirmière vienne à son secours. Je fis un dernier tour dans les chambres pour constater que toute trace de mon occupation avait disparu. Francis, à moitié apaisé, était assis sur le billard, un vieux huissier aux cheveux gris, qui était toujours de garde à l'étage et s'occupait de lui. Les huissiers et les domestiques étaient tous rassemblés dans la salle, et le vieux Pierson, qui était là depuis des années, était le porte-parole et espérait respectueusement que Madame « reviendrait bientôt… ». W. n'est pas venu avec nous, car il avait encore du monde à voir et il n'est rentré à la maison qu'à temps pour un dîner tardif.

Nous avons dîné ce soir-là et plusieurs nuits par la suite avec notre oncle Lutteroth (qui possédait un charmant hôtel rempli de tableaux, de bibelots et de jolies choses) juste de l'autre côté de la rue, car il s'écoulait un certain temps avant que notre cuisine et notre maison ne fonctionnent à nouveau. Les premiers jours furent bien sûr très fatigants et inconfortables : la maison paraissait si petite après les grandes pièces du Quai d'Orsay. Je n'ai rien tenté dans les salons, car nous partions si tôt : il fallait arranger les tapis et les rideaux pour empêcher le froid d'entrer, mais les gros cartons restaient dans la remise, non déballés. Nous avons reçu un cortège de visiteurs toute la journée — et avons essayé de rendre la bibliothèque de W. possible — confortable, mais elle ne l'était pas, car il y avait des paquets de livres, de papiers et de boîtes partout.

J'ai eu bien des visites et des fleurs le jour de l'An, ce qui fut une agréable surprise, seigneur Lyons, Orloff, les Sibbern, le comte de Ségur, M. Alfred André et d'autres. André, un vieil ami de W., banquier protestant très conservateur, était très bleu en affaires. André était le type du protestant français moderne. Ils constituent presque une classe à part en France : ce sont des gens très sérieux, religieux, honorables et bornés. Ils donnent beaucoup en charité et en bonnes œuvres de toutes sortes. A Paris, la coterie protestante est très riche. Ils fréquentent tous les catholiques, car beaucoup d'entre eux reçoivent beaucoup, mais ils vivent entre eux et ne se marient jamais. Je ne connais pratiquement pas de cas où un protestant français ait épousé une catholique. Je suppose que c'est un vestige de leur vieux sang huguenot et du souvenir de tous leurs ancêtres qui ont souffert à cause de leur religion, qui les rend si intolérants. Les ambassadeurs avaient effectué leur visite officielle habituelle à l'Elysée - dit Grévy était très souriant et aimable, ne semblait pas du tout préoccupé. Nous avons dîné en famille chez mon oncle le soir du Nouvel An, et toute la famille, avec une merveilleuse unanimité, a déclaré que le meilleur souhait qu'elle pouvait faire à W. était que 1880 le voie sortir de la politique et mener une vie indépendante, quoique moins intéressante.

C'était certainement une vie intéressante, entendre tant de questions discutées, voir toutes sortes de gens de toutes nationalités et vivre pour ainsi dire dans les coulisses. La Chambre des députés en elle-même était une étude, avec ses changements d'opinion stupéfiants, sans cause apparente. On ne savait jamais le matin ce que donnerait la séance de l'après-midi, car dès que le parti républicain se sentit solidement établi, ils commencèrent à se quereller entre eux. Je retournai un après-midi au ministère pour rendre une visite solennelle à Mme de Freycinet le jour de sa réception. J'aurais préféré différer, pensant que la vue des chambres et des visages connus me serait désagréable et me ferait peut-être regretter le passé, mais je sentais déjà que toute cette vieille vie était finie : on s'adapte si rapidement dans un environnement différent. Cela me paraissait drôle d'être annoncé par mon huissier spécial, Gérard, et de me retrouver assis dans le salon vert avec tous les palmiers et les fleurs disposés comme ils l'étaient toujours pour moi, et un demi-cercle de diplomates disant exactement la même chose. des choses à Madame de Freycinet qu'ils m'avaient dites quelques jours auparavant, mais j'imagine que cela arrive toujours en ces temps de démocratie et d'égalisation de l'éducation, et que dans certaines circonstances, nous disons et faisons tous exactement la même chose. J'ai eu une longue conversation avec Sibbern, le ministre suédois, qui s'est montré très amical et sympathique, non seulement à l'idée de notre départ du ministère des Affaires étrangères, mais aussi à l'extrême inconfort de déménager par un temps aussi terriblement froid. Il était enveloppé de fourrures, comme s'il allait au pôle Nord. Cependant, je lui ai assuré que nous étions bien au chaud, que nous nous installions peu à peu dans nos anciennes habitudes, et je considérais déjà mes deux années au Quai d'Orsay comme un épisode agréable de ma vie. J'ai également eu beaucoup d'entretiens avec le ministre portugais Mendes Leal. C'était un homme intéressant, un poète et un rêveur, qui connaissait plus, j'imagine, le monde littéraire de Paris que le monde politique. Blowitz était là, bien sûr, toujours partout dans les moments de crise, parlant beaucoup et laissant entendre qu'il avait tiré bien des ficelles au cours de ces dernières semaines. Lui aussi regrettait que W. n'ait pas accepté l'ambassade de Londres, m'assurait que cela aurait été un rendez-vous très agréable en Angleterre et s'étonnait que je ne l'aie pas insisté. J'ai répondu que je n'avais pas été consulté. Beaucoup de gens m'ont demandé quand ils pourraient venir me voir : est-ce que je reprendrais ma journée de réception ? Cela n'en valait pas la peine, car je partais si tôt, mais j'ai dit que je serais là tous les jours à cinq heures et que j'aurais toujours des visites.

[Illustration : Mme. Sadi Carnot. D'après un dessin de Mlle. Amélie Beaury-Saurel.]

Un jour, Madame Sadi Carnot resta longtemps assise avec moi. Son mari avait été nommé sous-secrétaire au ministère des Travaux publics dans le nouveau cabinet, et elle en était très contente. C'était une femme très charmante, intelligente et cultivée, qui lisait beaucoup, qui était très passionnée de politique et très ambitieuse (comme devrait l'être toute femme intelligente) pour son mari et ses fils. Je pense qu'elle a été d'une grande aide sociale pour son mari lorsqu'il est devenu président de la République. C'était un homme grave, réservé, qui ne se souciait pas beaucoup de la société. Je l'ai vue très souvent et je l'ai toujours trouvée très attirante. A l'Elysée, elle était aimable et courtoise avec tout le monde et sa légère surdité ne semblait pas l'inquiéter ni rendre la conversation difficile. Elle a fait une chose féminine si charmante juste après l'assassinat de son mari. Il reposa quelques jours à l'Elysée, et M. Casimir Périer, son successeur, alla lui rendre visite. En partant, il dit que sa femme viendrait le lendemain chez Mme Carnot. Elle répondit aussitôt : " Ne la laissez pas venir, je vous prie ; elle est jeune, elle commence sa vie ici à l'Elysée. Je ne voudrais pas qu'elle ait l'impression de tristesse et de tristesse qui doit planer sur le palais aussi longtemps que le Le président est allongé là. Je voudrais qu'elle ne vienne à l'Elysée que lorsque toutes les traces de cette tragédie auront disparu - et qu'elle n'ait pas d'associations tristes - au contraire, avec la perspective d'un long avenir heureux devant elle.

[Illustration : *Photographie, copyright Pierre Petit, Paris.*
Président Sadi Carnot.]

W. se rendit à l'Institut les deux ou trois vendredis où nous étions à Paris, où il fut très chaleureusement accueilli par ses collègues, qui avaient beaucoup regretté ses absences forcées les années où il était au ministère des Affaires étrangères. Il leur annonça qu'il se rendait à Rome, où il espérait encore trouver quelques trésors sous forme d'inscriptions inédites, avec l'aide de son ami Lanciani. Les jours passèrent assez vite jusqu'à ce que nous commencions. Ce n'était pas vraiment un repos, car il y avait toujours beaucoup de monde à la maison et W. voulait mettre de l'ordre dans ses papiers avant de partir. Freycinet procède à divers changements au Quai d'Orsay. M. Desprey, directeur de la politique (poste qu'il occupait depuis des années) fut nommé ambassadeur à Rome à la place du marquis de Gabriac. Je ne pense pas qu'il était très impatient de partir. Sa carrière s'était presque entièrement faite au ministère des Affaires étrangères, et il se sentait beaucoup plus à l'aise dans son cabinet, avec tous ses papiers et livres le concernant, qu'il ne le serait à l'étranger parmi des étrangers. Un soir, il est venu dîner et nous en avons discuté. W. pensait que le reste et le changement lui feraient du bien. Il fut nommé au Vatican, où nécessairement il y avait beaucoup moins à faire en matière de vie sociale qu'au Quirinal. Il était parfaitement au courant de toutes les questions entre le Vatican et le clergé français : son fils, secrétaire d'ambassade, l'accompagnerait. Cela semblait plutôt une perspective agréable.

W. se rendit une ou deux fois au Sénat, les chambres se réunissant le 12 ou le 14 janvier, mais il n'y eut rien de très intéressant ces premiers jours. La Chambre reprenait son souffle après les vacances et la dernière crise ministérielle et donnait sa chance au nouveau ministère. Je pense que Freycinet avait du pain sur la planche, mais il était tout à fait à la hauteur. Je suis allé un après-midi à l'Elysée. J'avais écrit à Madame Grévy pour lui demander si elle me recevrait avant mon départ pour l'Italie. Quand je suis arrivé, le seul valet de chambre à la porte m'a dit que Madame Grévy était une peu souffrante et qu'elle me verrait à l'étage. Je montai un escalier latéral, un peu sombre, précédé du valet de pied qui m'introduisit dans la chambre de Mme Grévy. Elle avait l'air parfaitement inconfortable : elle était grande, avec de très hauts plafonds, des meubles dorés et rigides adossés au mur, et la chaleur était quelque peu épouvantable, un feu flamboyant dans la cheminée. Madame Grévy était assise dans un fauteuil, près du feu, un châle gris sur les épaules et un fichu de dentelle sur la tête. C'était curieusement différent de la chambre que je venais de quitter. J'étais allée voir une amie qui souffrait également. Elle était allongée sous une couverture de dentelle doublée de soie rose, de dentelle et de coussins brodés tout autour d'elle, des fleurs, des abat-jour roses, des flacons d'argent, tout ce qu'il y avait de plus luxueux et de plus moderne. Le contraste était saisissant. Mme Grévy était très polie et bavarde, et se disait très fatiguée. Les grands dîners et les heures tardives la fatiguaient beaucoup. Elle comprenait bien que j'étais content de partir, mais elle ne trouvait pas très prudent de voyager par un froid aussi glacial — et Rome était très loin, et n'avais-je pas peur de la fièvre ? Je lui ai dit que j'étais un vieux Romain, que j'y vivais depuis des années, que je connaissais bien le climat et que je ne pensais pas qu'il était pire qu'un autre. Elle a dit que le Président avait reçu la visite de W. et une très longue conversation avec lui, et qu'il regrettait beaucoup son départ, mais qu'il ne pensait pas que « Monsieur Waddington aimait son sac ». Grévy fut toujours un bon ami de W. — à une ou deux reprises, lorsqu'il y eut une sorte de cabale contre lui, Grévy prit son parti très chaleureusement — et dans toutes les questions de politique intérieure et de personnes, W. le trouva très passionné, cet observateur avisé, même s'il disait très peu, exprimait rarement une opinion. Je n'ai pas fait une très longue visite, j'ai descendu les escaliers du mieux que j'ai pu, aucun domestique n'était visible ni dans les escaliers ni dans le couloir, et mon propre valet de pied a ouvert les grandes portes et m'a laissé sortir. Nous partîmes les premiers jours de février, car jusqu'au dernier moment W. avait du monde à voir. Nous sommes allés deux ou trois jours à Bourneville - j'ai eu un ou deux déplacements très froids dans les bois (très secs) ce qui est assez inhabituel à cette époque de l'année, mais la terre était très gelée. A l'intérieur des bois, nous étions bien abrités, mais lorsque nous débouchâmes dans la plaine, le vent froid et glacial était épouvantable. Les ouvriers avaient fait du feu pour brûler les racines et le bois pourri, et nous étions bien heureux de nous arrêter et de nous réchauffer. Certains étaient accompagnés de leurs enfants, qui semblaient à moitié morts de froid, toujours insuffisamment vêtus, mais ils étaient bien heureux de faire rôtir des pommes de terre dans la cendre. J'avais si froid que j'ai noué un foulard de laine autour de ma tête, comme le font les femmes au Canada lorsqu'elles font du traîneau ou du patinage.

Un jour, nous avons pris un petit-déjeuner pour certains des hommes influents de W. dans le pays, qui étaient très dégoûtés de la tournure prise par les affaires et du fait que W. ne pouvait plus rester ministre, mais ils étaient très au courant de tout ce qui se passait. ce qui se passait au Parlement, et il comprenait bien que pour le moment les hommes modérés et expérimentés n'avaient aucune chance. La jeune République doit avoir son aventure. Le pays a-t-il beaucoup appris ou beaucoup gagné au cours de ses quarante années de République ?